Esto Es Lo Que Los Lectores Dicen Sobre Este Libro.

Lleva tu trabajo de repostería a un siguiente nivel. Llevo este libro a todas partes y saboreo cada página. La técnica está bien explicada, al igual que otros muchos detalles. Como repostero en París, estoy aprendiendo muchísimo sobre este tema en el libro de Jimmy. No creo que sea demasiado complicado para alguien que se inicie en el arte de la bollería. Gracias por publicar esta joya, seguro que se convertirá en un clásico imprescindible que todo repostero deba leer.

French bakery, 5.0 de 5 estrellas en Amazon.com, *Una referencia imprescindible*

Acabo de comprar este libro y debo decir que es fantástico. El chef y autor Jimmy Griffin es una persona increíble con el don de enseñar el arte de la *viennoiserie*. Explica las diferentes técnicas de laminado que se usan en cada proceso y explica con claridad las calidades resultantes al usar los distintos sistemas de pliegues. Tiene muchos videos en YouTube, que ayudan a explicar sus métodos. Nunca lo he conocido, pero le he seguido en Instagram durante años. Tengo que decir que es asombroso. No solo una vez fue atacado por un congrio, sino que también se dañó su espalda. Su resistencia y pasión por su oficio se ven claros en su libro. He recibido cursos de laminado por parte del Chef Peter Yuen, el Chef Hans Ovando y otros chefs a lo largo de los años. El libro del Chef Griffin es tan increíble como todos estos cursos. Sin lugar a dudas recomiendo comprar su libro. Espero ansioso la copia impresa. No olvides seguirlo en su Instagram @jimmyg51.

247 baker, 5.0 de 5 estrellas en Amazon.com, *Increíble libro sobre laminado.*

Soy un repostero joven que trabaja diariamente haciendo laminado. Este libro es un complemento increíble de lo aprendido de mi jefe de repostería en mi puesto de trabajo. Desde las explicaciones de Jimmy sobre aspectos técnicos de laminado, pasando por las recetas que comparte con sus lectores, hasta las descripciones detalladas de los distintos pasteles que ha elaborado; este es probablemente el mejor libro que se pueda comprar sobre laminado.

James Newman, 5.0 de 5 estrellas en Amazon.com, *Increíble libro para principiantes y panaderos de todos los niveles.*

Vendido en 96 países y regiones a nivel mundial. Disponible en tres formatos:
1. **E-Book**
2. **Tapa blanda**
3. **Tapa dura**

Copyright © 2021 por Jimmy Griffin. Todos los derechos reservados. Ninguna parte de este libro puede ser reproducida, transmitida, almacenada digitalmente o de otra manera, incluyendo fotocopias, grabaciones e imágenes sin el permiso por escrito de Barna Caf Enterprises Ltd. Para obtener permiso para reimprimir material, pónganse en contacto con Jimmy Griffin a través de griffjimmy@gmail.com.

Cuando realice citas de este material bajo las exenciones de Uso Legítimo, emplee el siguiente formato:

Griffin, J. (2021). *El Arte del Laminado. Técnicas avanzadas de elaboración de laminado para bollería* (1ª ed.). Barna Caf Enterprises Ltd.

Publicado por
Barna Caf Enterprises Ltd.
Wild Winds, Forramoyle West
Barna, Co Galway
Irlanda. H91 XHY7

Website: http://jimmyg.ie
YouTube: http://www.youtube.com/c/JimmyGriffinbaking/
Instagram: @jimmyg51

Primera edición: Junio 2021

ISBN - 978-1-8381082-7-4

Traducido al Español por: Javier Prieto Martínez
http://www.javierprieto.net/

Índice

Índice 2

Índice de Tablas 5

Glosario de Términos y Abreviaturas 6

Introducción 7

Dedicatorias 8

Influencias en Mi Vida Profesional 8

Acerca del Autor 9

Sección 1 Conocimiento y Lecciones #1-4 11

En Resumen 12

Anatomía de un Croissant 14

Proceso y Trucos para la Elaboración de Bollería Laminada 15

Los 20 Pasos en la Elaboración y Manipulado de Bollería Laminada 16

Levaduras Empleadas en Bollería Laminada 17

Tipos de Harina Empleados en Bollería Artesanal en America y Europa 18

Guía para Comparar las Harinas de todo el Mundo 20

Elección de Ingredientes en Bollería 21

Otros Ingredientes en la Masa 22

Temperatura de Masa Deseada 27

Entendiendo la Masa 29

Mantener un Iniciador de Masa Madre 30

Ejemplo de Receta para Mantener un Iniciador 31

Proceso de Preparación 34

Puntos Importantes sobre la Preparación de la Masa Madre Líquida 35

Fermentar Masa en Casa 37

Hornear Usando Diferentes Tipos de Horno 38

Explicación del Porcentaje del Panadero 42

Temperatura Central y Enfriamiento de la Masa con Hielo 44

Entendiendo la Temperatura Central en la Fermentación 47

Recetas Usadas en Este Libro 48

Factores de Procesado 49

Cómo Preparar un Bloque de Mantequilla en YouTube 50

Cierre y Sistema de Numeración del Laminado 50

Puntos de Contacto de la Masa 51

Pasos y Etapas para Preparar Masa Fermentada Laminada 52

Producción de Masa Laminada para Croissant – Receta de Ejemplo 54

Lección #1. Sistema 3-4-3 55

El Cierre en 3 55

El Pliegue 4 o Cierre en Libro 57

El Pliegue en 3 58

Configuración de la Laminadora 59

Análisis sobre el Grosor de la Masa en el Pre-Cierre en 3-4-3 59

Configuración General para el Laminado, Cierre y Primer Pliegue en 4 60

Configuración de la Laminadora para el Pliegue en 3 61

Configuración Final de la Laminadora para el Sistema 3-4-3 61

Cortando los Dobleces de la Masa Para Facilitar el Retroceso Elástico 62

Lección #2. Sistema 5-4-3 63

El Cierre en 5 63

Pliegue en 4 64

Ejemplo del Cálculo de Capas Tras Restar los PCM en el Pliegue en 4 66

El Pliegue en 3 66

Lección #3. Sistema 3-4-4 68

El Cierre en 3 68

El Primer Pliegue en 4 68

El Segundo y Pliegue Final en el Sistema 3-4-4 69

Lección #4. Sistema 3-3-3 / 3 70

El Cierre en 3 Usando Mantequilla de Color 71

Descripción del Sistema 3-3-3-3, Cierre, Laminado y Primer Pliegue en 3 73

Resumen de Puntos Principales en el Proceso de Laminado 3-3-3 / -3 74

Llevando la Cuenta del Número de Pliegues Hechos en la Masa 75

Sistemas de Capas Recomendados para Diferentes Tamaños y Pesos 75

Procesando la Masa: Preparando Croissants 76

Tabla y Guía para el Corte de Croissants y Napolitanas 77

Barniz de Huevo y Fermentación 78

Receta del Barniz de Huevo 78

Temperatura de Horneado. Factores a Considerar 78

Después del Horneado – Cómo Manipular el Producto 79

Sección 2 Recetas y Técnicas 80

1. Croissant de Almendras de Horneado Doble 80

2. Receta de Crema de Almendras 81

3. Receta de Sirope de Ron 81

4. Croissant Doble Laminado y Masa para Croissant de Chocolate 82

5. Preparación de Mantequilla con Sabor a Chocolate Para el Doble Laminado 83

6. Recetas de Croissant Básicas 83

7. Masa Laminada Doble con Espelta o Harina de Fuerza 84

8. Napolitana de Doble Chocolate 90

9. Croissant Bicolor y Napolitana 3-4-4 91

10. Napolitana Bicolor de Chocolate Naranja 5-4-3 93

11. Croissant Laminado Cruzado y Napolitana 94

12. Napolitana Laminada Doble de Chocolate con Naranja 97

13. Croissant Bañado en Sosa Cáustica 3-3-3 98

14. Laminado Cruzado de Cuatro Colores: Napolitana Navideña 100

15. Croissant de Algas 103

16. Croissant Efecto Madera 3-4-3 105

17. Croissants Pre-fermentados Congelados y *Viennoiserie* 106

18. Elaboración de Croissants y *Viennoiserie* con Masa Madre 108

19. Masa para Hojaldre Dulce 3-4-4 / 4 110

20. Receta de Masa para Hojaldre Salado 3-4-4 / 4 113

21. Masa para Hojaldre Extra 3-3-3 / 3-3 114

22. Quiche de Hojaldre con Queso y Cebolla 115

24. Kouign-Amann 3-4-4 119

25. Medalla de Plata, Coupe Du Monde Chocolatine 2019. 3-4-4 123

26. Marinado de Pera y Frambuesa 3-4-3 129

27. Receta de Crema Pastelera de 414 g 130

28. Cestas de Chocolate con Pera 3-4-3 134

29. Pan con Pasas o Caracola 3-4-3 136

30. Rollos de Canela 3-4-3 138

31. Manzana con Pistachos o con Frambuesa 140

32. Napolitana con Crema Cappuccino – Tres tipos de Masa 141

33. Napolitana de Frambuesa / Fresa 142

34. Mini Tarta de Fresas 142

35. Nutella / Café 143

36. Brioche Sablée de Frambuesa 144

37. Twist de Fresa y Chocolate 145

38. Cruffin con Nutella 146

Apéndice - A – Ingredientes y Pasos a Seguir 148

Ingredientes y Pasos a Seguir 149

Equipamiento y Otros Elementos Necesarios en la Cocina de Bollería 150

Almacenaje de los Ingredientes 156

Zona de Pesado 156

Zona de Mezclado 156

Recipientes de Almacenamiento para la Masa 156

Zona de Laminado 157

Decoración y Utensilios Pequeños 157

Bandejas para Hornear 157

Equipamiento para Congelación 158

Zona de Envasado para Venta y Reparto 158

Ingredientes y Datos de Contacto 159

Ingredientes y Pasos a Seguir 159

Apéndice - B – Laminado a Mano: Masa de Croissant Pre-fermentada 167

39. Croissant Laminado a Mano 50% Pre-fermentado con Levadura de Masa Madre 168

Otros Recursos Online 171

Referencias 173

El Arte del Laminado. Índice 176

Índice de Tablas

Tabla 1: Tabla comparativa de tipos de harina (Doves Farm, 2020) 21

Tabla 2: Tipos de harina, contenido en cenizas y proteínas (Weekendbakery.com, 2020) 21

Glosario de Términos y Abreviaturas

Beurrage	Preparación de la mantequilla antes del laminado
CDM	Coupe du Monde de la Boulangerie - Copa del Mundo de Bollería
CDMC	Coupe du Monde Chocolatine – Copa del Mundo Chocolatine
Cierre	Colocar mantequilla entre las capas de masa para comenzar el proceso de laminado
HR	Humedad Relativa
Número de laminado	Número que se aplica al número de pliegues dados a la masa
PCM	Puntos de Contacto de la Masa
Poner capas	Colocar hojaldre fino para doblar o cortar
TAg	Temperatura del Agua
TAm	Temperatura Ambiente
TDM	Temperatura Deseada para la Masa
Temperatura del centro	La temperatura en el centro (núcleo) de una masa o bloque de masa
TH	Temperatura de la Harina
TI	Termómetro infrarojo

Introducción

La elaboración de masa con levadura laminada de alta calidad precisa de muchas habilidades, tales como: conocimiento, capacidad, entendimiento, destreza técnica, procedimiento, precisión, paciencia y práctica, entre otras muchas. La pasión es la más importante de todas. La recompensa por producir una bollería excelente es la satisfacción que brinda a su creador y a los consumidores que se deleitan en ella una y otra vez. Espero estimular tu creatividad con las fotos y técnicas de mi libro, aportar muchas ideas para crear, imaginar y el conocimiento para ejecutar estas ideas para tus propias creaciones.

Jimmy Griffin, Presidente, Coupe Du Monde de la Boulangerie (Copa del Mundo de Bollería), Paris 2016.

Gracias Especiales

Para la ayuda experta con frases internacionales de panadería en español

Vicente Sancho Colomer –España

Josep Pascual –España

Gabriela Zaputovich –México

Sergio Gonzalez –Argentina

Hector Facal –Uruguay

Arturo Blanco –España

Antonio Arias Ordóñez –México

Dedicatorias

Le dedico este libro a mi querida familia, mi esposa Bogna, mi hijo Dillon y mis hijas Janice y Sophie. Os quiero mucho a todos y no podría haber terminado este libro sin vuestro apoyo. En 2020, una terrible enfermedad, Covid-19, se extendió por todo el mundo y cambió la vida de millones de personas. Muchos han quedado atrás. También fue el año en que mi amigo, colega y mentor de la Universidad Tecnológica de Dublín, Diarmuid Murphy, dejó este mundo y se fue a otro lugar, esperamos, más brillante. Diarmuid fue uno de mis profesores de mi Master. Aportaba alegría, brillo, humor e interés en todas sus clases. Fue una enorme inspiración en mi vida, impulsándome a apreciar, escribir, leer e investigar sobre bollería, repostería y panadería. A Diarmuid también le encantaban mis croissants y bollos. Este libro es para ti, Diarmuid.

Influencias en Mi Vida Profesional

Hay tanta gente a la que estoy agradecido, que tendría que escribir otro libro para mencionarlos a todos. Deseo agradecer a mi familia de panaderos y reposteros repartidos por todo el mundo, cuyas amistades perduran y me siguen influyendo por medio de creatividad y pasión. Derek O 'Brien, mi amigo y mentor, exdirector de la Escuela Nacional de Repostería Kevin Street, Dublín; exdirector del curso de repostería y bollería alemana en Akademie Deutsches Bäckerhandwerk Weinheim, Alemania y director de la Academia de Panadería de Irlanda, Dublín. A lo largo de los años, mis antiguos compañeros del equipo de repostería y panadería irlandesa: Tommy, Frank, Paul, Gemma, Robert, Michelle y Dolores. El Dr. Frank Cullen siempre me ha apoyado plenamente en mi trabajo en TU Dublin como profesor y me ha inspirado a escribir y pensar académicamente. Finalmente, mi querido amigo Christian Vabret, creador de la Coupe du Monde de la Boulangerie, ha creído en mí y me ha honrado nombrándome como jurado en eventos mundiales durante casi dos décadas. Christian me permitió conocer, ver, observar y aprender de los mejores reposteros y panaderos del mundo. Finalmente, un agradecimiento especial a Kathryn Gordon de ICE, NY, el Dr. Ted Lynch y Allen Cohn por su colaboración con consejos y revisión del libro. Muchas gracias a todos.

Acerca del Autor

James, o Jimmy Griffin, como es más conocido, es un maestro panadero de sexta generación de Galway, Irlanda. Tiene cuarenta años de experiencia en la industria de la bollería y panadería, creciendo en el negocio familiar. Jimmy es un especialista en la producción de *viennoiserie*, masa madre, pan, bollería y pasteles. Tiene un Master en Desarrollo de Productos Alimenticios e Innovación Culinaria e imparte docencia a estudiantes de panadería graduados en la Escuela de Artes Culinarias y Tecnología de Alimentos, Universidad Tecnológica, Cathal Brugha Street, Dublín. También trabaja como asesor y consultor en el sector. Jimmy creció siendo competitivo y, como aprendiz, ganó muchos concursos nacionales de panadería y repostería. Más adelante en su carrera, representó a Irlanda y compitió en los Campeonatos de Europa como candidato a la *viennoiserie* en tres ocasiones, ganando el bronce en la Coupe D'Europe de la Boulangerie 1997. Luego fue coach del exitoso equipo de repostería irlandesa desde 2002 hasta 2005.

Jimmy también ha sido miembro de jurado internacional de panadería y repostería desde 2001 en la mayoría de los Campeonatos Mundiales y Olimpiadas de la industria. En 2016, Jimmy fue nombrado presidente del jurado de la Coupe du Monde de la Boulangerie en París. Regularmente imparte clases magistrales, conferencias, enseña en el extranjero y ha participado en concursos de bollería y repostería en la mayoría de los continentes del mundo. En 2015, también recibió honores de sus colegas rusos mediante una Cátedra Honorífica de la Universidad de Stavropol en Rusia. En mayo de 2019, compitió en la Coupe du Monde Chocolatine en Toulouse, Francia, llevándose la medalla de plata por sus creaciones en bollería laminada a mano. Es muy activo en redes sociales y actualiza periódicamente su página web y perfiles sociales con interesantes recetas, nuevos procedimientos y productos.

Casado con su esposa Bogna, Jimmy tiene tres hijos, Dillon (24), Janice (23) y Sophie (15) (2021). Además de su pasión por la bollería, Jimmy es piloto de ala fija con licencia, piloto acrobático, piloto de hidroavión, instructor de judo cinturón negro, maestro de buceo y ha sido corredor de maratón. Le encanta escribir; su Tésis titulada "Un estudio de investigación sobre el uso beneficioso de las algas en el pan y la industria alimentaria en general" ha sido leído y descargado más de 6000 veces. Actualmente está finalizando un libro con recetas de panaderos de renombre internacional llamado *The Global Master Bakers Cook Book*, un libro con muchas de las recetas favoritas de Griffin, titulado *Family Secrets - Part 1 1876-2019*, la historia de la panadería familiar titulada *Fully Baked*, y otro libro sobre Panettone y Lievito Madre (levadura o masa madre natural). Jimmy tenía dos hermanos, Mark vive con su familia en Londres y David, residió en Malta. Lamentablemente, durante la edición de este libro, David murió repentinamente a los 57 años. Siempre lo recordaremos en nuestro corazón y en nuestra mente. Descansa en paz, David.

Profesor Honorífico en Artes de Panadería y Bollería
Universidad de Stavropol, Rusia 2015
Con Janice y Bogna Griffin
©2021 James A. Griffin Todos los Derechos Reservados.

Sección 1
Conocimiento y Lecciones #1-4

Este libro fue escrito en 2020 durante el primer confinamiento, cuando el virus Covid-19 paralizó el mundo y su economía. Muchos panaderos y reposteros sin trabajo, estudiantes y profesores universitarios fuera de la universidad y chefs buscaron una alternativa a la educación convencional para actualizar sus conocimientos y habilidades. *El Arte del Laminado* fue escrito como un libro de referencia educativo organizado en dos secciones. La sección 1 presenta información detallada sobre la preparación y el horneado de bollería que probablemente ayudará a los menos experimentados a comprender sin problemas las recetas de este libro. Hay cuatro lecciones principales sobre laminado en el libro. Si bien algunos lectores pueden encontrar el contenido repetitivo, es un buen método de enseñanza, que refuerza los objetivos del aprendizaje y la terminología numérica diseñada para ayudar a los lectores de *El Arte del Laminado* a recordar no solo el cómo, sino también el por qué al hacer bollería laminada. La sección 2 se compone de recetas y detalles necesarios para aprender a hacer las recetas individuales que se encuentran en el libro. He dedicado tiempo para escalar y adaptar las recetas para poderlas hacer tanto en casa como en panaderías y cocinas comerciales para conseguir los resultados deseados.

En este libro uso medidas métricas (todos los ingredientes de la receta se indican en gramos) porque son los más exactos, y el uso de medidas métricas también permite que las recetas se escalen fácilmente (reduzcan o amplíen para la producción en grandes cantidades). Todas las temperaturas de horneado en el libro se indican en grados Celsius (°C). (Puedes encontrar calculadoras de conversión de temperatura en internet). Además, muchas de las recetas incluyen las temperaturas óptimas necesarias para hacer masa y bollería consistentes.

Cada receta viene acompañada de una fotografía detallada, metodología y pasos. Una lista de recursos online en mi canal de YouTube se puede usar como apéndice para ayudarle a navegar por las diferentes recetas de este libro.

En Resumen

A nivel internacional, existen tantos términos para los tipos de pliegue y sistemas empleados al laminar como idiomas hay en el mundo. En los EE. UU. se refieren a pliegue en carta, sobre, pliegue doble; en Irlanda y el Reino Unido es pliegue de libro, pliegue por la mitad, pliegue simple, etc…. Para hacerlo más complicado, el estilo de repostería se puede describir como método Inglés, método Francés, el método Blitz, el método de mantequilla inversa, el método Holandés, el método Alemán y el método Escocés. Todo puede resultar muy desconcertante, especialmente cuando se traduce a una docena de idiomas diferentes. Sin embargo, un denominador común engloba todo este proceso, y por eso en muchas ocasiones se opta por una solución numérica que supera las barreras del idioma. Muchos de los mejores panaderos del mundo ahora nombran las técnicas de laminado describiendo los pliegues como un número en lugar de un nombre. Mi colega Peter Yuen, experto mundial en laminado, también ha enseñado este sistema en todo el mundo. Este método de numeración es internacional y, en este libro, explico en detalle el uso correcto de este sistema.

Además, revisando innumerables libros sobre la materia, y durante mi experiencia profesional, docente y como jurado, he detectado lagunas en la educación de *viennoiserie* a profesionales de este arte. Este libro proporciona una explicación científica y sencilla de muchos detalles de la producción de una excelente bollería laminada.

Breve Historia del Croissant desde el Siglo XVII

El nacimiento del croissant forma parte de una serie de pasos evolutivos que comenzaron con el Kipferl o Kifli, un panecillo tradicional muy popular en la historia de la bollería Austriaca y Alemana, y la invención de la masa laminada. La primera receta de hojaldre o *pâte feuilletée* se documentó en el libro de 1653 de François Pierre de la Varenne, *Le Pâtissier François*. Este icónico libro de cocina histórico fue el primero en registrar recetas y métodos de las artes de la bollería y pastelería francesa (Goldstein y Mintz, 2015). Según el Instituto Culinario de América (ICA) (2016: 289), el croissant fue creado por primera vez por panaderos húngaros de Budapest para celebrar la liberación de su amada ciudad del ejército turco en 1686. Sin embargo, en la obra *August Zang y el Croissant Francés*, Chevallier (2009) contradice esta versión de la historia de la ICA. Los panaderos austriacos en Viena estaban bajo asedio en 1683 por los invasores turcos que inventaron el croissant, Chevallier (2009: 9). La leyenda relata que los panaderos vieneses en 1683, mientras se encontraban en sus trabajos bien temprano por la mañana, escucharon al ejército turco que cavaba bajo las paredes de Viena. Alertaron a sus comandantes del ejército, y los turcos fueron descubiertos. El croissant se creó para celebrar la liberación de Viena. Su forma y nombre vienen de la luna creciente, símbolo de la tiranía turca. Los panaderos franceses e italianos siguieron poco después a sus colegas vieneses e incluyeron este panecillo de medialuna como parte de su cultura gastronómica. En su forma clásica original, el croissant era muy diferente a cómo es hoy en día, ya que inicialmente se empleaba masa con manteca de cerdo y leche, una masa laminada sin levadura.

> *Cuando hayas dominado el hojaldre, tendrás un sentimiento de logro y satisfacción tan pleno que disfrutarás cada momento que dediques a aprender las técnicas. Labensky, Sarah, R; Martel, Priscella, Van Damme y Eddy (2009).*

La caída de los precios del azúcar a finales del siglo XVII permitió a los comerciantes ricos que prosperaban en las ciudades en desarrollo de Viena y París comerciar con azúcar, que antes sólo estaba disponible exclusivamente para la realeza. La cultura del café, tal como la conocemos hoy día, nació en esta época en París. Esta cultura del café implicaba reunirse alrededor de una taza de té o café y pasteles para discutir ideas revolucionarias contra el rey Luis XIV (Willan, 2016).

Anatomía de un Croissant

Los croissants generalmente se forman a partir de un trozo de masa fermentada laminada en forma de triángulo isósceles que se enrolla desde la base hasta la punta. Se elaboran con mantequilla o margarina de repostería. Podemos encontrar croissants en todo el mundo con forma curva, de medialuna o recta. Están hechos a mano por artesanos en panaderías y cocinas de repostería o producidos en masa industrialmente, congelados y distribuidos en todo el mundo. Posiblemente sean los panecillos o bollos más emblemáticos del mundo y evoca una asociación a Francia cuando los vemos o hablamos de ellos. Hay diferentes estándares de calidad dependiendo de si están laminados con mantequilla, margarina de repostería u otras grasas. El porcentaje de mantequilla en un croissant suele ser del 30% del peso de la masa. La base del triángulo se conoce como la base o el pie, y la parte superior se conoce como la punta. El triángulo de la masa tiene dos lados planos y tres bordes cortados en el exterior. Cuando se enrolla un croissant, los bordes exteriores son visibles como "escalones" u hombros, y el número de escalones está predeterminado por el tamaño y la longitud de los triángulos isósceles cortados para formarlos. La proporción de 10 cm de ancho por 30 cm de largo es la más común. Además, generalmente el cocinero suele estirar un poco más el triángulo cortado, alargándolo aún más y permitiendo que la masa tenga más escalones. El croissant no se debe estirar demasiado al prepararlo, porque si no, se quebrará al fermentar. Al estirarlo durante su preparación, la masa debe tener un grosor gradual, desde la parte más delgada en la base hasta la parte más gruesa en la punta. El croissant bicolor que puedes ver a continuación se cocinó en Reikiavik, Islandia, mientras asesoraba al equipo de Islandia como tutor en enero de 2018.

Proceso y Trucos para la Elaboración de Bollería Laminada

La masa laminada generalmente se elabora combinando una masa dulce enriquecida con una hoja o bloque de mantequilla. La masa y la mantequilla deben tener aproximadamente la misma consistencia, lo que favorece la formación de capas uniformes cuando se enrollan y se doblan. Si bien la margarina de repostería y otras grasas también se pueden emplear para el laminado, el objetivo de este libro es la producción de bollería laminada con mantequilla. La mantequilla debe golpearse con un rodillo, una técnica conocida como *beurrage* en francés, para hacerla maleable y poderla enrollar cómodamente. Luego se forma en un bloque rectangular conocido como bloque de mantequilla. En el proceso de elaboración de la masa, se divide en láminas finas y se dobla para rodear o encapsular la mantequilla. Cuando la mantequilla y la masa se combinan, se conoce como masa de hojaldre.

La técnica estándar de bollería laminada generalmente empieza preparando un "sándwich" de tres capas; dos capas de masa arriba y abajo, con el bloque de mantequilla en el centro; como una loncha de queso entre dos rebanadas de pan. La masa se forma enrollando o laminando la masa y la mantequilla a la vez. A medida que la masa se enrolla para lograr una hoja delgada, proceso llamado poner capas, tanto la masa como las capas de mantequilla se extienden en un rectángulo delgado de masa de hojaldre. Las capas de masa y mantequilla permanecen separadas e intactas, formando capas largas y finas alternas de masa / mantequilla / masa en ese hojaldre. Una vez laminado logrando un espesor aceptable, el proceso de incrementar el número de capas hasta llegar al valor numérico deseado se consigue doblando la masa de hojaldre laminada en pliegues que se colocan uno encima del otro como bloques de construcción. Los pliegues más comunes empleados en la elaboración de repostaría laminada son: pliegue de libro, también conocido como pliegue en 4; y medio pliegue, conocido como pliegue en 3. Cada vez que la masa se lamina, se dobla y se vuelve a laminar, se forman capas adicionales dentro de la masa hojaldrada. Estas capas se doblan y se añaden dentro de la masa, lo que contribuye a crear el volumen y calidad propios de la bollería laminada. Tanto el proceso como el control de la temperatura son esenciales para lograr una buena bollería, al igual que el número de capas necesarias para un producto en particular. Un croissant generalmente precisa 25 capas; una napolitana de chocolate, *chocolatine* o croissant relleno de chocolate, 33 capas; y el hojaldre pueden tener más de 145 capas dependiendo del número de pliegues que se le den a la masa. He identificado 20 pasos divididos en procesos de producción de masa laminada a través de diferentes etapas, ya sea hornear de inmediato o congelar/reservar para otro día.

Los 20 Pasos en la Elaboración y Manipulado de Bollería Laminada

1. Pesar los ingredientes
2. Tiempos de mezclado y temperatura de masa ideal 25 °C a 26 °C
3. Preparación del bloque de mantequilla mientras se mezcla la masa
4. Fermentación de la masa (45 minutos)
5. Estirado y enfriado de la masa (3 °C a 4 °C) por la noche para la fermentación en frío
6. Cierre de la masa con la mantequilla en el interior de la masa (como si se tratase de un sándwich) usando un cierre de 3 o 5 capas
7. Poner capas #1, reduciendo el espesor de la masa a entre unos 3 mm a 5 mm y realización del primer pliegue
8. Almacenamiento en congelador (-18 °C entre mantas de hielo si están disponibles)
9. Poner capas #2, reduciendo el espesor de la masa a entre unos 5 mm a 6 mm y realización del segundo pliegue
10. Enfriado y reposo (-18 °C entre mantas de hielo si están disponibles)
11. Último paso de poner capas, con un grosor aproximado de entre unos 3,5 mm a 4 mm
12. Cortar al tamaño y forma finales
13. Dar forma y preparación en bandejas
14. Fermentación (entre 26 °C y 27.5 °C a 80% de humedad relativa - HR) durante 2 o 3 horas, Prueba de Bamboleo, observar la separación de las capas al final del tiempo de fermentación
15. Extender el huevo con una brocha (ver receta de barnizado en la página 78)
16. Reservar (a 3 °C – HR 80%) durante la noche si es para hornear al día siguiente
17. Congelar (a -18 °C), preferentemente congelación rápida si se va a utilizar en varios días, después de 3/4 de fermentación

18. Horneado: la temperatura y el tiempo dependen de si usamos un horno de convección o comercial
19. Enfriamiento (aireado) sobre bandejas de rejilla para evitar que el fondo se empapen
20. Acabado y empaquetado.

Levaduras Empleadas en Bollería Laminada

Saccharomyces Cerevisiae, o levadura de panadería, como se la conoce comúnmente, es la levadura que los panaderos usan en todo el mundo. Encontramos levadura en diversos formatos diferentes, desde fresca hasta seca, y la levadura se reproduce mediante un proceso conocido como brotación. La tasa de reproducción de la levadura hace que aproximadamente se duplique en cantidad cada 90 minutos (Berry y otros, 2012). En teoría, la cantidad de levadura en una masa puede duplicarse en 90 minutos, pero factores como la temperatura de la masa, los niveles de enriquecimiento y el pH pueden tener efecto en la reproducción de la levadura. Colocar una masa con levadura en un refrigerador, por ejemplo, ralentiza la reproducción de la levadura y colocar la masa en una fermentadora tibia acelera la reproducción de la levadura. Hay muchos tipos de levadura de panadería disponibles en el mercado a día de hoy. La levadura está disponible fresca, comprimida, liofilizada, deshidratada y envasada al vacío, de modo que la levadura tiene una larga vida útil a temperatura ambiente. Mi elección personal para bollería y repostería es la levadura prensada fresca o, si está disponible, la levadura fresca osmotolerantes, una levadura especial que se vende principalmente en Europa para producir brioche y bollería laminada. Tiene mejor rendimiento en los entornos ricos en grasas y azúcares de la bollería enriquecida, aportando una tolerancia y un rendimiento de gasificación superiores a la levadura de panadería normal. La levadura fresca o de panadería es el estándar empleado en todas las recetas de este libro, a menos que se indique lo contrario. Yo uso 10 g de levadura seca / 30 g de levadura comprimida, pero muchas otros panaderos también usan 10 g de levadura seca / 20 g de levadura comprimida en cantidades más pequeñas. Actualmente, dos tipos generales de levadura seca son populares entre los panaderos y reposteros domésticos: la levadura seca activa y la levadura instantánea. Es fundamental tener en cuenta que es necesario rehidratar la levadura seca activa, que se disuelve en el agua de la masa antes de mezclarla con la masa para activarla. Las levaduras secas también pueden contener emulsionantes y mejoradores de pan para su uso en máquinas de pan, por lo que es aconsejable prestar atención a la lista de ingredientes si se cocina para personas con alergias extremas. Use siempre agua tibia para disolver la levadura activa y darle vida a la levadura. El segundo tipo de levadura es la levadura instantánea, y esta levadura se puede mezclar directamente con la masa sin pre-hidratarla. Ambos tipos de levaduras secas se pueden usar indistintamente en fórmulas de bollería laminada sin ser necesario un ajuste de la receta. Sin embargo, debemos tener cuidado de rehidratar la levadura seca activa si la estamos usando o si sufre un mal rendimiento de gasificación.

En resumen, es muy importante manipular la levadura correctamente, y es una buena práctica hidratar todos los tipos de levadura antes de preparar la masa. El agua atempera, favorece una buena gasificación y fermentación de la masa. Lea y siga las recomendaciones del fabricante cuando emplee levadura seca para conseguir los mejores resultados.

Tipos de Harina Empleados en Bollería Artesanal en America y Europa

El libro de Calvel *The Taste of Bread* tiene una completa tabla en su página 4 que muestra el contenido de proteínas y cenizas en las harinas de EE. UU. y Francia (Calvel, 2001). La tasa de extracción es la cantidad de harina extraída de cada grano de trigo integral al molerlo. A menor tasa de extracción de la harina, más blanca será la harina a medida que se extrae del grano de trigo integral, por ejemplo. harina T-45. Cuanto mayor sea la tasa de extracción, más salvado y porcentaje de grano de trigo integral, por ejemplo, T-150 es una harina integral de color marrón oscuro con una tasa de extracción de casi el 98%.

- Tipo 45:   Contenido en cenizas inferior a 0,50   tasa de extracción   67% –70%
- Tipo 55:   Contenido en cenizas entre 0,50 y 0,62   tasa de extracción   75% –78%
- Tipo 65:   Contenido en cenizas entre 0,62 y 0,75   tasa de extracción   78% –82%
- Tipo 80:   Contenido en cenizas entre 0,75 y 0,90   tasa de extracción   82% –85%
- Tipo 110:   Contenido en cenizas entre 1,00 y 1,20   tasa de extracción   85% –90%
- Tipo 150:   Contenido en cenizas superior a 1,40   tasa de extracción   90% –98%

(Calvel, 2001).

Generalmente, el contenido de cenizas de la harina en EE. UU se mide en base a una humedad de la harina del 14%; el contenido de cenizas no se pueden comparar directamente. Por ejemplo, una harina francesa con de Tipo 55 (contenido en cenizas 0,55) corresponde a una harina con un contenido de cenizas de 0,46 en EE. UU. También cabe decir que no hay harinas equivalentes directas entre los tipos francés, alemán y estadounidense, ya que muchos productores de harinas estadounidenses no incluyen el contenido de cenizas en el paquete. Se debe solicitar una hoja de especificaciones para determinar el contenido de cenizas de cada tipo de harina individual. La imposibilidad de establecer equivalencias en los tipos de harina se debe a las diferencias en el proceso de molido por parte de cada productor. El molido o molienda consiste en una serie de pasos de clasificación, molido, tamizado y triturado del grano. Cada tipo de molino procesa el grano de manera diferente; desde los molinos de piedra tradicionales, a los molinos modernos que usan rodillos de acero. Cada uno produce un producto final distinto. El objetivo del proceso de molienda es extraer gradualmente la máxima cantidad de endospermo (la parte central blanca del grano) mientras se elimina el salvado, que es la cubierta exterior. Cada paso produce un "flujo" de harina (después del proceso de tamizado).

El grano que se muele pasa a través de varios juegos de rodillos, cada uno con un grosor en disminución a medida que pasa el grano. Cada paso consecutivo en los procesos de molido elimina el salvado del grano de trigo. Cada fracción del trigo: salvado, sémola y germen, se separan individualmente. Las primeras etapas de la molienda producen las harinas más débiles en términos de contenido de proteínas. Los pasos finales producirán harinas "puras" que son muy fuertes y algo más oscuras ya que contienen trozos de salvado. En su mayoría, son válidas para fortalecer masas donde, por ejemplo, el porcentaje de harina de centeno es alto y, por lo tanto, el color no es tan relevantes, como el pan integral. Las harinas francesas se producen mezclando varios tipos de harina para llegar al contenido de ceniza deseado.

Muchos molinos estadounidenses no mezclan flujos individuales de su harina, sino que prefieren seleccionar mezclas de harina teniendo en cuenta las propiedades o fuerza deseadas. En resumen, comparar el contenido de cenizas de la harina no garantiza la equivalencia entre tipos. Las tasas de extracción más altas en la molienda generalmente producen una mayor cantidad de endospermo, una harina más oscura y mayor contenido en proteína. Además, las harinas de extracción más oscuras o altas tienen mayor contenido de cenizas. La mezcla no estandarizada realizada en muchos molinos de Estados Unidos no permite comparar entre diferentes productores. En Alemania existe una métrica distinta, ya que se añade un 0 a los tipos franceses. Por tanto, una harina francesa T-55 se convierte en harina de tipo T550 (Weekendbakery.com, 2020).

Guía para Comparar las Harinas de todo el Mundo

He incluido dos tablas en la página 21, que me servirán para comparar el complicado tema de los tipos de harina. Se utilizan como guía, una comparación aproximada, ya que diferentes estilos de molienda y diferentes tipos de molido o mezcla de granos dan a cada tipo de harina su carácter y calidad única. La información de la primera tabla se basa en información del sitio web de Dove's Farm, a la que añadí contenido adicional para incorporar otros países, como Canadá e Irlanda. Doves Farm dispone de muchos productos excelentes y su harina es brillante.

Tabla 1: **Tabla comparativa de tipos de harina (Doves Farm, 2020)**

	Molido a partir del 100% del grano	Ratio de extracción 85%	Harina de Pan Blanco	Harina de Pan Blanco	Harina Blanca	Harina fina de baja extracción
Argentina	1\2	0	00	-	000	0000
Australia	Wholemeal Flour		Bread flour		Plain flour	Cake/pastry flour
Canadá	Wholemeal Flour		Bread flour	Bakers patent	All-purpose flour	Pastry/cake flour
República Checa	Celozrnná mouka	T1050	-	T650	Hladká mouka	Hladká mouka výběrová
Francia	Farine Intègral 150	110	80	65	55	45
Alemania	Vollkorn 1600	1050	812	-	550	405
Holanda	Volkorenmeel	Gebuilde bloem	Tarwe bloem	-	Patent bloem	Zeeuwse bloem
India	Chakki Atta	Atta	-	-	Maida / Safed	-
Irlanda	Wholemeal flour	Wheat meal flour	Bakers flour	Strong bakers flour	Soft flour	Pastry/cake/biscuit flour
Italia	Integrale	Tipo 2	Tipo 1	-	0	00
Polonia	Razowa	Sitkowa	Chlebowa	-	Luksusowa	Tortowa
Portugal	Farinha Integrale 150	110	80	70	55	45
Eslovaquia	Celozrnná mouka	T1050	-	T650	Hladká mouka	Hladká mouka výběrová
España	Harina Integral 150	110	80	70	55	45
Reino Unido	Wholemeal Flour	Brown flour	Strong bread flour	-	Plain flour	Patent flour
EE.UU.	Wholewheat flour	First clear flour	High gluten bread flour	-	All-purpose flour	Pastry flour

Tabla 2: **Tipos de harina, contenido en cenizas y proteínas (Weekendbakery.com, 2020)**

Contenido en Cenizas	Proteínas	EE.UU	Alemania	Francia	Italia	Holanda	Reino Unido
~ 0.4%	~ 9%	Pastry flour	405	45	0	Zeeuwse bloem	Pastry flour
~ 0.55%	~ 11%	All-purpose flour	550	55	0	Patentbloem	Bakers flour
~ 0.8%	~ 14%	High-gluten flour	812	80	1	Tarwebloem	Strong bakers
~ 1%	~ 15%	First clear flour	1050	110	2	Gebuilde bloem	-
> 1.5%	~ 13%	Whole wheat flour	1700	150	Farina integrale	Volkorenmeel	Wholemeal

Elección de Ingredientes en Bollería

En primer lugar, los ingredientes empleados deben ser de la mejor calidad posible. La harina utilizada para la *viennoiserie* no debe ser demasiado fuerte y debe presentar buena elasticidad. Cuando se elabora la masa se puede hacer con espelta, harina para todo uso, T-55, T-65, T-45, harina integral u otras harinas especiales como la harina T-45 Gruau Rouge. Gruau Rouge es una harina de baja extracción, muy blanca y con mucha elasticidad e ideal para la *viennoiserie*. Si no se puede conseguir, una harina de panadería combinada con una harina de tipo repostería suave en una proporción de 75-25% o 70-30% da buen resultado. Las pruebas realizadas con harina 100% de espelta también consiguen productos muy satisfactorios. La mantequilla, si es posible, también debe ser una mantequilla especial seca y endurecida con un contenido de grasa de entre un 84 y 86%.

> - El tipo de levadura en todas las recetas es levadura fresca prensada
> - Si se usa levadura seca, se ha de aplicar una proporción de 1/3 –1/2 de los pesos para levadura fresca
> - Si es posible, use levadura osmotolerantes en recetas con mucho azúcar y grasa
> - Harina baja en proteínas con gluten entre 11,5% y 12,8%
> - Una receta con un mínimo del 25% de harina ayudará a la elasticidad y al manipulado. (vea Apéndice B)
> - Una mantequilla endurecida con un contenido de grasa de entre 84% al 86% tiene alta plasticidad

Otros Ingredientes en la Masa

Agua

La hidratación de la masa es fundamental. Muchos panaderos utilizan entre un 46% y un 55% de hidratación para la masa laminada, con lo que la consistencia de la masa coincide con la de la mantequilla. Así se facilita el laminado. Utilice agua filtrada siempre que sea posible para eliminar el cloro y otros minerales, que pueden afectar y retrasar la fermentación.

Masa Madre (Levain) Líquida

Facilita la extensibilidad y madurez de la masa, aportando un sutil sabor además de una fermentación lenta, ayudando a un mayor volumen y extensibilidad. La masa madre ayuda a que se produzca en el interior de la masa una estructura de panal. Personalmente uso una levadura líquida 1:2:2 fermentada durante al menos 6 horas antes de ponerla en la masa para la elaboración de croissants.

Levadura

Los reposteros y panaderos emplean levadura osmotolerante fresca para masas con alto contenido de azúcar y grasa, lo que permite una mejor y más controlada fermentación. La gasificación de la levadura aporta estabilidad en la fermentación de la masa y ligereza al producto final.

Azúcar

El azúcar actúa como edulcorante de la masa y sirve de alimento para la levadura. El azúcar también mejora el color de la masa de bollería y repostería, aportando un tono dorado.

Sal

La sal le da sabor a la masa; también tiene la función esencial de controlar la fermentación de la levadura y agregar pigmentación a la masa. Use sal natural orgánica si es posible. Yo empleo sal marina de Oriel orgánica como sal natural, libre de anti apelmazantes y aditivos.

Malta en Líquido o en Polvo

La malta no solo es un buen alimento para que la levadura crezca y sea mas estable, sino que también aporta a la masa horneada un clásico color marrón en la corteza. Se debe emplear malta inactiva. La miel o glucosa son buenos sustitutos si no puede conseguir malta; también podemos eliminarla de la receta si es necesario.

Mantequilla Usada en la Masa

Añadir mantequilla a la masa le aporta una mayor calidad al producto. La grasa de la mantequilla actúa como lubricante para el gluten de la masa, mejorando así su extensibilidad en la mezcla, laminado, fermentación y horneado.

Pâté Fermentée

Al igual que la levain líquida, el pâté fermentée aporta un sabor más intenso a la masa y ayuda a la elasticidad y al ondulado de la masa. También facilita que produzca en el interior de la masa una estructura de panal.

Mantequilla de Laminado Usada Durante la Coupe Du Monde Chocolatine (CDMC) - Lescure

La hermosa mantequilla endurecida Lescure está especialmente diseñada para una producción de *viennoiserie* laminada de excelente sabor y calidad. Su mayor contenido de grasa y su menor humedad facilita que la masa forme hermosas capas. La mantequilla también tiene un punto de fusión más alto, lo que ayuda a mantener intactas las deliciosas capas de hojaldre durante todo el proceso.

Barritas o Palitos de Chocolate Valrhona Empleados Durante la CDMC

Las barritas o bastones de chocolate fueron proporcionados para la *Chocolatine* World Cup por la famosa marca de chocolates Valrhona. Especialmente diseñados para el horneado y no se consumen en hornos de primera calidad.

Barnizado con Huevo

El huevo es el barniz de la repostería y bollería. No solo aporta brillo y hermoso color, sino que también agrega sabor y facilita que las capas en la parte superior de la napolitana de chocolate se peguen y no se desprendan al hornear. Vea la receta de la página 78

Entendiendo la Mantequilla

La mantequilla es una emulsión de aceite y agua a base de crema láctea. La mantequilla tiene muchos formatos, que van desde la mantequilla con sal, sin sal, estilo tradicional, mantequilla clarificada, ghee, mantequilla para untar, mantequilla fraccionada, recombinada y mantequilla seca, por tan sólo nombrar algunos. La textura que logra la mantequilla depende del grado de procesado que recibe durante el proceso de fabricación. Al igual que el chocolate, la grasa de la mantequilla se somete a un factor de templado que crea una red cristalina, lo que da como resultado la textura suave que presenta la mantequilla como materia prima o porción de alimento. La sal se añade para darle sabor y para alargar la vida útil de la mantequilla. La mantequilla tiene muchas aplicaciones y funciones en la bollería laminada. En la masa del croissant, antes del laminado, se añade mantequilla blanda como potenciador. También contribuye a reducir el producto final al lubricar el gluten de la masa mixta mezclada. No recomiendo emplear mantequilla casera para el laminado ya que es demasiado blanda, tiene demasiada agua y muy poca grasa. Por lo tanto, es mejor usar una mantequilla seca más dura para el proceso de laminado. La mantequilla dura y seca está hecha a base de crema fermentada a la que se le han eliminado algunos de los componentes líquidos, teniendo más grasa dura en su lugar. Plasticidad y alto punto de fusión son las propiedades que necesitan los panaderos en este tipo de mantequilla. Si la mantequilla es demasiado dura y carece de plasticidad, se quebrará en el proceso de laminado provocando una distribución y formación de capas desigual. La mantequilla generalmente se compone de los siguientes ingredientes:

- Grasa   80,0% - 83,0 %
- Agua   15,6% - 17,6 %

Las proteínas, vitaminas liposolubles y minerales (un 1% - 1,2% aproximadamente) incluyen:

- Fósforo
- Calcio
- Vitaminas A, D y E
- Sal (dependiendo de si se trata de mantequilla con o sin sal) (Ranken, *y otros*, 1997).

Los cristales de grasa en la mantequilla se clasifican como:

- Alfa (α)
- Beta prima ($\beta!$)
- Beta (β)

El estado alfa (α) es el menos estable de los cristales en la mantequilla y tiene el punto de fusión más bajo, generalmente se encuentra aleatoriamente en la mantequilla. El estado beta prima ($\beta!$) o intermedio tiende a alinearse en ángulos rectos, filas alternas y es más grande que la forma cristalina alfa. Son más estables y tienen un punto de fusión más alto que los alfa. De esta forma, forman una superficie lisa ideal para el laminado, ya que las superficies cristalinas lisas permiten que las capas de mantequilla creen capas uniformes de una mejor plasticidad. Los cristales beta (β) son la forma cristalina más frecuente en la mantequilla y tienden a formarse en filas paralelas. Estos cristales son los más estables de los tres y tienen el punto de fusión más alto (Brown, 2018). La forma y el tipo de los cristales en la mantequilla definen su manipulabilidad tanto en la bollería como en el resto de cocina. Una característica común de la grasa butírica es que el punto de fusión de la mantequilla aumenta proporcionalmente a medida que aumenta el tamaño de los cristales. El primer estado de cristales en la mantequilla, el cristal alfa (α), es el más pequeño, el cristal de tamaño medio es la beta prima (β!) o intermedio, y el estado final y cristal más grande es el beta (β) (Brown, 2018).

El templado de la mantequilla para las láminas de masa para croissant se realiza en la fase de fabricación. La plasticidad y consistencia de la mantequilla están determinadas tanto por el templado correcto como por el añadido preciso de grasa dura, eliminando los aceites y otros líquidos. El templado de las láminas de mantequilla usando una laminadora o una prensa hidráulica eleva ligeramente la temperatura de la grasa, permitiendo la alineación y formación de los cristales beta prima en la grasa butírica, lo que aporta buena plasticidad durante el proceso y mejora la textura al producto final. La mantequilla tiene una respuesta reológica que muestra rejillas coloidales a través de los diferentes tipos de cristales. La red o matriz formada durante el proceso de fabricación y cristalización de la grasa afecta sus características de laminado.

Para asegurar un buen laminado durante todo el proceso de elaboración de los croissants, la cristalización debe realizarse con cautela, controlando en todo momento la temperatura de la mantequilla (Rodríguez & Merangioni, 2018). La mantequilla de laminado normalmente se plastifica para incorporarlo a la masa mediante un proceso conocido en francés como *beurrage*. La mantequilla se coloca entre una hoja de plástico, papel vegetal (o de hornear) y se golpea con un rodillo para darle plasticidad a la mantequilla y también para favorecer la formación de cristales en la mantequilla. La temperatura ideal para trabajar con mantequilla dura y seca para croissant es entre 7 a 11 °C, mientras que para los tipos estándar de mantequilla con menor contenido de grasa entre 16°C a 21 °C (Stamm, 2011). Para mí, la mejor temperatura para mantequillas con un 84% de grasa es aproximadamente 9 °C.

Temperatura de Masa Deseada

Los panaderos y reposteros elaboran pan y pasteles en todo el mundo, desde áreas tropicales hasta lugares más fríos en los hemisferios norte y sur. Esto significa que las temperaturas de trabajo no serán las mismas para todos los panaderos. En Irlanda o el Reino Unido la temperatura ambiente y del equipo para trabajar con harina y azúcar puede ser unos 10 °C, mientras que un panadero en las Bahamas o Namibia puede estar trabajando a temperaturas de 22 °C. Estas diferencias de temperatura son importantes porque para iniciar el proceso de gasificación y fermentación de la masa, es vital asegurarnos de que la temperatura final o deseada de la masa sea de entre 24 y 26 °C, conocida como TDM. El panadero de Irlanda puede necesitar calentar sus ingredientes (por ejemplo, harina o agua). Es posible que el panadero de Namibia deba enfriar sus ingredientes en un refrigerador durante la noche antes de usarlos.

Afortunadamente, hay una buena regla que puede usarse para calcular aproximadamente la temperatura de la masa, de modo que cuando la masa termine de mezclarse, esté a la temperatura deseada u óptima para su fermentación. Generalmente, cuando use harina a temperatura ambiente, deberá ajustar la temperatura del agua para lograr la TDM. Todo panadero debe memorizar esta fórmula y utilizarla como parte de su proceso diario.

Calculando la Temperatura Deseada para la Masa

Calcule la TDM de la siguiente manera: el doble de la temperatura de masa deseada menos la temperatura de la harina nos da la temperatura de agua deseada.

Visto como una fórmula, la regla sería:

$$(TDM \times 2) - \text{Temperatura de la Harina} = \text{Temperatura del Agua}$$

o

$$(TDM \times 2) - TH = TAg$$

La fórmula generalmente tiene en cuenta el factor de fricción (es decir, el aumento de temperatura debido al calor generado por un mezclador) al mezclar la masa. Un par de ejemplos ayudan a verlo más claro. Usemos los ejemplos de temperatura anteriores.

Ejemplo 1. Climas fríos (10 °C)

La TDM para una receta en particular es 26 °C. Por lo tanto, la temperatura de la cocina y, por lo tanto, todo lo demás, incluida la harina, es de 10 °C.

$$(TDM \times 2) - TH = TAg$$

$$(26\,°C \times 2) - TH = TAg$$

$$52\,°C - TH = TAg$$

$$52\,°C - 10\,°C = TAg$$

$$42\,°C = TAg$$

El doble de la TDM (26 °C) es 52 °C menos la temperatura de la harina (10 °C) nos da la temperatura necesaria para el agua (42 °C).

Ejemplo 2. Climas templados (22 °C)

La TDM para una receta en particular es 26 °C. Por lo tanto, la temperatura de la cocina y, por lo tanto, todo lo demás, incluida la harina, es de 22 °C.

$$(TDM \times 2) - TH = TAg$$

$$(26\,°C \times 2) - 22\,°C = TAg$$

$$52\,°C - 22\,°C = 30\,°C$$

El doble de la TDM (26 °C) es 52 °C menos la temperatura de la harina (22 °C) nos da la temperatura necesaria para el agua (30 °C).

Entendiendo la Masa

La reología de la masa es una ciencia y no es mi intención profundizar en ella en este libro. La masa laminada generalmente tiene un nivel de hidratación más bajo que la masa de pan o brioche. Una buena regla general es usar 500 g de líquido total (agua, leche, huevo combinados) por 1 kg de harina o un 50% de hidratación. Si la masa está demasiado blanda (sobre hidratada), será muy complicado mezclar la masa y la mantequilla, ya que la masa se estirará o fluirá sobre la mantequilla como la espuma de una ola, resultando en un gran trozo de masa en los extremos o lados del bloque. Si la masa está demasiado dura, se agrietará y dificultará el proceso. Si la masa está demasiado caliente, la mantequilla comenzará a ablandarse y derretirse, lo que provocará un mal laminado posterior. Además, si la masa está demasiado fría, se quebrará cuando pase a través de una laminadora de pastelería y la masa se partirá.

Si la mantequilla está demasiado fría, también se agrietará y se formará capas inconsistentes como si de un mármol se tratase. La masa y la mantequilla deben tener una consistencia y temperatura similares, lo que facilitará la formación de capas uniformes, deseadas en toda la masa. La temperatura ideal para comenzar el laminado de la masa es entre 1,1 y 3,3 °C. La masa generalmente se hace el día anterior con un tiempo de mezclado corto. La masa debe fermentarse en frío durante la noche para facilitar un desarrollo completo de la masa y el proceso de mezclado del gluten. La fermentación en frío también desarrolla la estructura y las cualidades aromáticas de la masa, aportando su sabor y textura distintivos. La masa debe desgasificarse a mano o mediante una laminadora reversible y colocarse en el congelador durante unos minutos para asegurarse de que esté a la temperatura óptima para su posterior manipulación. Además, este estiramiento de la masa en la laminadora no solo desgasifica la masa, sino que también alinea las proteínas del gluten en una dirección. Es importante recordar girar la masa 90 ° en cada etapa del laminado, es decir, el bloqueo, el primer pliegue y los pliegues posteriores. Así, la masa se estirará igualmente en diferentes direcciones, evitando que encoja después del laminado final. Esta cuidadosa técnica permitirá que la estructura laminada de las capas de masa y mantequilla permanezca intacta durante todo el proceso. En resumen, la temperatura de la masa debe controlarse en todas las etapas para impedir la fermentación durante las etapas de laminado y corte hasta que la masa se coloque en la cámara de fermentación para activar la levadura para la fase de fermentación final.

Mantener un Iniciador de Masa Madre

En algunas de las recetas del libro, uso mi iniciador de masa madre, "Covid Cultivo-2020", para añadir elasticidad, acidez y profundidad de sabor a la masa. Si ya es un panadero experto, ya estará familiarizado con la técnica de masa madre. Si no es así, describiré brevemente el proceso a continuación. Como este libro trata sobre bollería laminada, no me desviaré mucho del tema. Aún así, daré orientación paso a paso y detalles sobre cómo hacer y mantener su iniciador y cuándo usarlo para hacer masa en su bollería.

Iniciador – Una Relación Simbiótica

Las levaduras silvestres, las bacterias del ácido láctico (BAL) y las bacterias del ácido acético (BAC), reaccionan entre sí mediante una relación simbiótica o mutuamente beneficiosa en un iniciador y cuando se usan para producir pan de masa madre. Según la base de datos del Departamento de Agricultura de los Estados Unidos (USDA por sus siglas en inglés), 100 g de harina integral tienen aproximadamente 0,4 g de azúcar. La harina blanca enriquecida tiene aproximadamente 1,11 g de azúcar, de los cuales 0,3 gramos son fructosa y 0,03 g son glucosa. En un iniciador maduro, las levaduras silvestres se alimentan de estos azúcares simples y comienzan a descomponer el almidón de la harina y convertir el almidón en glucosa y azúcares simples. Las BAL se alimentan de los azúcares simples producidos por las levaduras silvestres, que también producen alcohol como subproducto de la fermentación. Las BAC se alimentan del alcohol de las levaduras silvestres para crear ácido acético, que es muy conveniente en la producción de masa madre.

Características de un Buen Iniciador

- Debe ser estable y consistente cuando crece y se hace la masa.
- Debe tener buena tolerancia y suministrar buen sabor y fuerza al pan elaborado.
- El aroma del pan y del iniciador debe ser agradable y equilibrado, ni demasiado suave ni demasiado ácido.

> Las proporciones de ácido acético y ácido láctico deben ser aproximadamente 1 parte de ácido acético por 3 partes de ácido láctico. Estas proporciones son generalmente aceptadas como el mejor equilibrio de la colonia inicial establecida.

pH del Iniciador

Normalmente, el pH de un cultivo iniciador maduro oscila entre 3,9 y 4,1. Si usa harina de centeno o integral para alimentar un iniciador, será más ácido que cuando solo se usa harina de trigo blanco debido a los muchos nutrientes adicionales y levaduras silvestres presentes en la harina de centeno.

Ejemplo de Receta para Mantener un Iniciador

Ingredientes	Cantidad	Proporción
Harina de fuerza	20 g	2
Agua (40 °C – 42 °C)	20 g	2
Cultivo de iniciador líquido	10 g	1
Total	50 g	

¿Qué Pasa Si Solo Uso Mi Masa Madre Una Vez a la Semana?

Si solo usa su masa madre una vez por semana, debe alimentar la masa madre como se indica anteriormente, y luego colocarla en el refrigerador, cubierta a 3 °C o 4 °C Esto ralentizará al iniciador y entrará en modo de almacenamiento. Cuando planees cocinar nuevamente, saca el iniciador del refrigerador el día anterior, vuelve a alimentarlo, déjalo toda la noche y haz la masa al día siguiente con el iniciador alimentado. Es importante saber cuánta cantidad de iniciador tenemos. Un truco es disponer de varios frascos de vidrio limpios, con lo que puedes pesar el iniciador y etiquetarlo.

Notas

La harina que use en su iniciador determinará el sabor de su iniciador, su pan y productos.

Puedes elegir alimentar el iniciador con

- Centeno y harina de panadería para panes integrales o sin semillas
- Harina de panadería y harina integral para panes integrales y sin semillas
- Solo harina de panadería para la clásica masa madre blanca

Es importante mantener la misma proporción de harina todo el tiempo.

La velocidad de fermentación se acelerará cuando la temperatura ambiente o el agua empleada esté más caliente, y la fermentación será más lenta cuando el agua utilizada o el área donde se almacena el iniciador esté más fría. Tendrá que tener en cuenta todos estos factores, tanto la estación del año, como la temperatura ambiente de su cocina.

Puntos Importantes Sobre la Masa Madre

La masa madre es un ser vivo. Requiere cuidado, como todo ser vivo, para sacarle el mejor provecho. Piense en ello como un animal de granja o un animal doméstico: necesita agua, comida, calor, un hogar (un recipiente para vivir) y consistencia para crecer.

Listado del Equipamiento

- Recipiente: un frasco pequeño o un recipiente de plástico transparente con tapa.
- Cuchara y balanza digital si dispone de ella. Si no, ¡contaremos cucharadas!
- Harina integral sin blanquear; harina de centeno integral o sin tratar y harina de panadería sin blanquear ni tratar.
- Termómetro digital de sonda.
- Agua tibia filtrada.
- Banda elástica para hacer seguimiento del crecimiento.
- Etiqueta para identifica su masa madre (la mía se llama Covid Cultivo-2020) y registrar el peso.
- Un lugar cálido que facilite su fermentación.

1. Buena Higiene: Lave las manos y cualquier otro utensilio, como cucharas, agitadores, espátulas, etc., antes de comenzar. Pese y mida todos los ingredientes con precisión, mezcle bien con la punta de una cuchara o espátula.

2. Use un frasco Kilner limpio con tapa (no se necesita junta de goma), un frasco de vidrio para mermelada o un recipiente de plástico con tapa, lavado con agua caliente y jabón, enjuagado bien y seco.

3. No selle la tapa. Esto permite que el gas CO2 producido por la fermentación de la masa madre se libere.

4. No use un recipiente de metal ya que el ácido generado por la masa madre reaccionará con el metal corroyéndolo, le dará a la masa madre un horrible sabor metálico y le cambiará el color.

5. Harina: Use harinas integrales orgánicas sin tratar, trigo, centeno de espelta u otros granos como Einkorn o Durum. No obstante, todos los granos se pueden usar para hacer un iniciador de masa madre.

6. Termómetro digital o de sonda para garantizar una temperatura constante del agua.

7. Agua tibia filtrada:

   - El agua del grifo contiene cloro y fluoruro, añadida para eliminar las bacterias. En cambio, nuestro objetivo es preservar y fomentar el crecimiento de levaduras y bacterias silvestres. Utilizando agua filtrada, ayudamos al proceso eliminando cualquier producto químico nocivo propio del agua del grifo, lo que retrasaría la acción de las levaduras y bacterias silvestres en la masa madre.
   - Si se deja reposar el agua del grifo durante días, dependiendo de los niveles de tratamiento de su suministro de agua local, se puede estimar el tiempo de evaporación del cloro del agua del grifo. Se estima que aproximadamente 2 ppm de cloro en el agua del grifo tardan unos 5 días o 120 horas en evaporarse de 10 galones de agua (unos 38 litros) cuando se deja reposar en un recipiente abierto.
   - Si no dispone de filtro de agua, puede hervir el agua del grifo durante 15 minutos y enfriarla antes de usarla. Este proceso es costoso y solo debe usarse como último recurso.
   - Puede usar agua embotellada y filtrada, una vez seguros de que no tiene cloro.

Las levaduras silvestres y los lactobacilos son sensibles a la temperatura. Si mantenemos una temperatura del agua constante, la masa madre también aprenderá a fermentar de forma constante. Al añadir agua templada (50 °C) a la harina, el calor estimulará las bacterias y levaduras salvajes en la masa madre en desarrollo para promover la fermentación. La temperatura de la masa madre será de aproximadamente 30 –32 °C, ideal para su cultivo. Su masa madre se convertirá en su propia colonia única de microflora, levaduras silvestres y bacterias que podrá usar para múltiples productos en repostería y panadería, así que cuídela.

Días 1 a 3, las cantidades y temperatura del agua de 45 a 50 °C se mantienen constantes. Para el tercer día, el gas de dióxido de carbono será visible y la masa madre comenzará a desarrollar un aroma acético.

Día 4, las cantidades de agua y harina se duplican a medida que la fermentación natural comienza a ser visible. Los microorganismos crecen y necesitan comida y agua extra. La temperatura del agua se reduce a entre 20 y 25 °C, ralentizando y controlando la fermentación.

Día 5, las cantidades de harina y agua de nuevo vuelven al doble de la cantidad del día uno. El agua se ha de añadir a 20 – 25 °C. Cuando se mezcla, la masa se deja fermentar durante la noche durante 24 horas. La masa madre ahora está madurando y tiene muchas burbujas de gas CO_2 y un toque ácido al olerla.

Proceso de Preparación

1. En un recipiente limpio, mezcle el iniciador y el agua tibia, añada la harina y mézclela bien para que toda la harina esté mojada. Póngalo en un frasco de vidrio limpio con tapa sin cerrar del todo.

2. Dejar que el iniciador fermente a una temperatura ambiente cálida de 26 a 28 °C durante aproximadamente 6 horas antes de usarlo. Verter en el agua para preparar la masa. Debe flotar. Mezclar junto con la levadura de la receta, luego elaborar la masa.

3. Dejar que el iniciador restante complete la fermentación y pasar la masa madre líquida al refrigerador a 4 °C después de 18 horas de fermentación.

Puntos Importantes sobre la Preparación de la Masa Madre Líquida

Añadir agua tibia al iniciador ayudará a que se active con el líquido y el calor del agua. Agregar harina proporciona la fuente de alimento para que el iniciador se alimente y crezca. Siempre uso un frasco de vidrio por razones de higiene al cultivar iniciadores y marco el nivel del iniciador con una banda elástica. Proporciona un buen indicador visual para observar el rendimiento de la masa madre líquida a medida que crece. Una masa madre activa debe al menos duplicar o triplicar su tamaño. Si piensa en su iniciador como una mascota o un animal de granja y lo atiende de esta manera, necesita agua, comida, atención y calor para crecer. Además, como cualquier relación, requiere constancia para mantenerla fresca, saludable y evitar que se vuelva amarga.

Reservar Algo de Iniciador de Masa Madre

Siempre debe reservar parte de su iniciador para disponer de masa madre más adelante. Reserve la mitad del peso que necesite. Cuando su iniciador comience a ser lo suficientemente grande, quizá después del tercer día, hay que alimentarlo. Coloque una banda elástica sobre el frasco o recipiente que esté usando y marque el nivel de inicio de la mezcla. Puede monitorizar su progreso durante la noche y ver si ha duplicado o triplicado su volumen desde la última vez que lo alimentó.

Almacenamiento de la Masa Madre Líquida

La masa madre debe guardarse en un recipiente sellado en el refrigerador a 3 – 4 °C. Puede guardarse así durante varios días, pero no más de una semana, y luego volver a alimentarla más tarde como se describió anteriormente. La masa madre líquida almacenada también se puede utilizar como ingrediente en masa de bollería.

La Necesidad De Girar la Masa 90 Grados En Cada Nuevo Pliegue

Al hacer todo tipo de masa laminada, es esencial girar el bloque de masa 90 ° en cada etapa de laminado después de cada pliegue. La ciencia detrás de esto es que la matriz de gluten se alinea en una fase bidimensional y forma largas cadenas elásticas cuando se estira en una dirección. Es como una banda elástica. Si la estiras y luego la sueltas, la banda elástica vuelve a la forma inicial. Sin embargo, si sigues estirándola más y más fuerte, la banda elástica eventualmente se quebrará y se romperá. El retorno de la banda elástica a su forma original se conoce como retroceso elástico, y esto se ve en repostería como un encogimiento de la masa de hojaldre al doblar o cortar. El límite elástico de una goma es el límite en el que se romperá y perderá su forma original si se estira más allá de este punto.

La masa reacciona de manera similar durante el laminado. Al girar la masa 90 ° cada vez que se lamina la masa, se estira y realinea la matriz de gluten de la masa en ángulo recto con la etapa anterior de laminado. El reposo también es importante, ya que permite que el bloque de masa recupere su elasticidad de la fase de laminado y laminado. Después del cierre, la masa se lamina y se dobla. Las flechas negras a continuación en la imagen indican la dirección en la que se estira la matriz de gluten en la masa. Para equilibrar la elasticidad y crear un equilibrio elástico en toda la masa, evitar que se encoja es vital. La masa debe estirarse por igual en todas las direcciones, de ahí la necesidad de rotar la masa 90 ° durante cada ciclo de laminado.

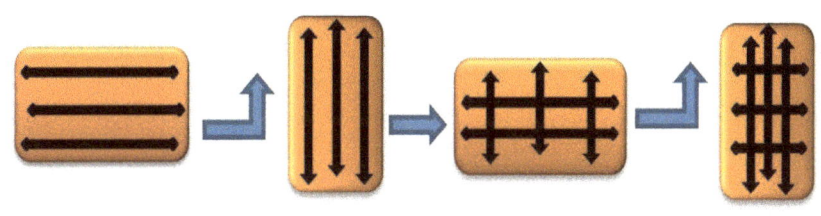

Las flechas del diagrama indican el estiramiento y la resistencia de la matriz de gluten, o retroceso elástico que actúa en la masa a medida que se manipula. A medida que la matriz de gluten se estira, también desarrolla resistencia y retrocede, de manera muy similar a estirar una banda elástica y soltarla. De esta forma, se establece un equilibrio elástico dentro de la masa y la masa queda en equilibrio. La contracción se neutraliza mediante fuerzas uniformes que actúan dentro de la masa de esta matriz de gluten cuando se gira y se lamina en direcciones opuestas durante el proceso de preparación.

Fermentar Masa en Casa

Si bien la mayoría piensa que la receta, preparación y forma de la masa laminada con levadura son la parte más difícil, todo el trabajo duro invertido puede echarse a perder por culpa de una fermentación incorrecta. El proceso de fermentado es un factor determinante a la hora de realizar una estructura de panal perfecta. Muchos reposteros y panaderos caseros no pueden permitirse el lujo de disponer de cámaras de fermentación a una temperatura y humedad controlada para producir productos excepcionales.

Hablemos de la pequeña máquina de fermentación casera o yogurtera de Brød & Taylor; he colocado un enlace en la sección de "otros recursos online" al final del libro. Es cara pero tiene excelentes calificaciones de quienes la han comprado, y se puede usar para hacer yogur, guardar chocolate derretido y una vez plegado tiene el tamaño de un libro, lo que facilita su almacenaje cuando no se usa. Si no puede comprar una, o no está dentro de su presupuesto, no se preocupe. La fermentación se puede lograr de diversas formas. Si vives en un clima cálido y húmedo, por ejemplo, o trabajas en una cocina cálida, simplemente puedes envolver los bollos con plástico para evitar que se despiece. Puede impedir que la masa de fermentación se pegue al plástico colocando vasos altos al revés en las bandejas para hornear. La masa también se puede colocar (también tapada) en una prensa caliente o en una alacena con ventilación.

La fermentación también se puede conseguir usando un horno doméstico con cierto cuidado. A continuación describo un procedimiento de ejemplo. Lo que hay que comprender sobre la fermentación es que hay dos elementos muy importantes en juego:

1. Calor (para estimular la fermentación o la formación de gas en la masa)
2. Humedad (para evitar que se despiece la masa y maximizar la expansión de la masa)

El calor estimula la levadura, pero no debe estar demasiado caliente; de lo contrario, la levadura se deteriorará. Las capas de mantequilla también se derretirán si la temperatura es demasiado alta. La humedad evita que la masa en expansión se despiece en la superficie y, por lo tanto, se puede producir la expansión de la masa. Si no hay humedad, se forma una capa dura en la parte exterior, con lo que la masa no crecerá correctamente. La mayoría de los hornos domésticos tienen luz. Compruebe a qué temperatura se mantiene el horno sólo usando la luz después de 1 hora. Use un termómetro de sonda de alta precisión siempre que sea posible. Si se calienta demasiado después de 1 hora (más de 28 °C), reduzca el tiempo.

Además, muchos hornos tienen un programa de descongelación que se puede programar a temperaturas muy bajas (20 °C a 30 °C). Si dispone de estos programas en su horno doméstico, se puede añadir humedad vertiendo agua hirviendo en una bandeja en la parte inferior del horno. Asegúrese de colocar la bandeja de hornear en la parte central del horno, vierta el agua hirviendo en la bandeja inferior y cierre la puerta del horno.

Otra forma sencilla de fermentar con el calor adecuado y sin humedad es fermentar la masa en un molde hondo. Simplemente coloque la masa en el molde hondo, barnice con huevo y envuelva el molde con un film transparente. Finalmente, sin importar la técnica que uses para fermentar, el proceso puede llevar horas, y la paciencia es esencial. No hornee la masa hasta que las capas se separen y la masa se mueva como gelatina cuando se agita suavemente; los videos se encuentran en la sección de recursos al final del libro.

Hornear Usando Diferentes Tipos de Horno

La fuente de calor y el equilibrio del calor en el horno son fundamentales para conseguir un buen horneado. A medida que la masa se calienta en el horno, el agua de la masa y las capas de mantequilla se evaporan. A medida que el vapor atrapado en las capas se expande, la masa se infla y las capas creadas se separan entre sí, dando volumen a la masa. Los lípidos de la mantequilla básicamente fríen la masa, lo que da como resultado una masa de hojaldre *viennoiserie* ligera, aireada y hojaldrada. Los panaderos hornean en diferentes hornos por todo el mundo. Algunos son hornos domésticos, algunos son hornos comerciales fabricados para trabajos de volumen. En mi larga experiencia como panadero en varios países, panaderías y escuelas durante más de tres décadas, cada horno que he usado tiene su particularidad.

Generalmente, los hornos están hechos principalmente de metal, aislamiento, vidrio, piedra y varios componentes eléctricos o de gas para generar calor para hornear. Tienen puertas de vidrio térmico, metal o ambos, que permiten al panadero introducir y sacar productos y ver el interior de la cámara de horneado mientras hornea. Todos los hornos están atornillados o soldados entre sí, metal sobre metal. Con el tiempo, debido a la expansión y contracción por el calor, el aislamiento y la eficiencia térmica del horno pueden deteriorarse. No hablo de hornos de ladrillo o de leña, ya que por lo general no se usan para hornear *viennoiserie*. Todos los hornos, por su naturaleza, están sujetos a extremos de calentamiento y enfriamiento cada día. A medida que los hornos envejecen, ese proceso de calentamiento y enfriamiento puede hacer que el horno pierda la eficacia de los hornos nuevos, ya que el metal en los hornos y puertas, los tornillos y soldaduras que lo mantienen unido y los elementos calefactores sufren desgaste con el uso continuo.

El aislamiento también se puede deteriorar, provocando diferencias de calor. Los termostatos pueden fallar o dar al panadero lecturas erróneas de la temperatura real del horno. Se puede comprar un pequeño termómetro de horno independiente en la mayoría de las tiendas de utensilios de cocina y así verificar la temperatura real del horno. Los hornos pueden tener zonas más calientes y frías, y un panadero que usa diariamente un horno llega a conocerlo muy bien. El panadero puede ver que quizás la parte trasera izquierda del horno está más fría que la parte delantera izquierda y sabe girar las bandejas en esta parte del horno a la mitad del horneado para obtener un color uniforme en un lote de productos horneados. Un termómetro infrarrojo (TI) es una muy útil herramienta para medir la temperatura exacta del horno. Las temperaturas de horneado del libro reflejan las temperaturas del horno con las que he trabajado y mi experiencia en el uso diario de hornos comerciales.

La mayoría de los productos de *viennoiserie* se hornean en hornos comerciales a 200 °C durante aproximadamente 20 minutos y en hornos de convección a 175 °C durante de 16 a 18 minutos. Los hornos eléctricos comerciales de pisos múltiples también tienen controles separados para diferenciar la temperatura de la parte superior, inferior y puerta de cada piso del horno. Los controles oscilan del 1 a 10 en intensidad de horneado, siendo 1 el ajuste de calor más bajo o suave y 10 para el calor más intenso. Los ajustes para hornear *viennoiserie* en este tipo de hornos son: calor superior nivel 7, calor inferior nivel 1 a 2 y calor de la puerta nivel 6 a 7. Pero, tenga en cuenta que cada horno es diferente y calientan u hornean de manera distinta. Use un segundo termómetro adicional para verificar que el termómetro del horno marque la temperatura real y así calibrar tu horno.

Cada horno pierde temperatura al abrir la puerta, especialmente los hornos de convección. Dicho esto, también la recuperan más rápido que los hornos industriales y son la elección profesional para hornear *viennoiserie*. Generalmente tiene casi 1/3 más de volumen cuando se hornea en un horno de convección que el mismo producto horneado en un horno industrial. Esto se debe a la rápida recuperación de temperatura de los hornos de convección. El ventilador acelera el aire en el interior, que penetra fácilmente en la masa, calienta el interior rápidamente y reduce el tiempo de horneado. Los hornos industriales, o también llamados de piso, se usan principalmente para hornear pan y repostería. No son tan buenos para hornear *viennoiserie* como un horno de convección, ya que el método de calor se conoce como horneado por calor pasivo, es decir, el calor conducido por la suela del horno y el techo a través de elementos eléctricos en la parte superior y la propia cámara.

Por lo general, no hay ventilador en un horno de piso, pero algunos modelos comerciales superiores y más caros tienen ventiladores en cada nivel. Los hornos de piso son mejores para retener el calor que los hornos de convección, pero pueden tardar mucho en recuperar el calor perdido durante la carga del horno. He visto hornos a 220 °C, que cuando se introduce el producto, su temperatura baja a 150 °C, tardando 30 minutos en volver a 220 °C. Es necesario tener en cuenta la temperatura y el tiempo, y si tenemos el horno completamente lleno o solo estamos horneando una bandeja, ya que un horno parcialmente lleno hornea más rápido y perderá menos calor durante la carga. Como la puerta del horno está abierta menos tiempo, si horneamos sólo una bandeja, el producto se calentarán más rápido que si tenemos tres bandejas. Por ejemplo, cuando colocamos una bandeja de masa en el horno, el peso de la bandeja de metal más el peso de la masa que estamos horneando le quitará al horno parte de su calor. El horno perderá entre 20 °C y 50 °C, según el tipo de horno y si el horno está lleno o solo usamos una bandeja. Todos estos factores determinan el tiempo de recuperación del horno, que será diferente para cada horno en particular. Los productos se hornearán a una temperatura mucho más baja mientras el horno recupera la temperatura. El resultado es un tiempo de horneado mayor, un producto inferior y más seco, ya que hornear a una temperatura más baja durante más tiempo el producto se secará. Veamos un ejemplo práctico, por ejemplo, cuando lleno mi horno de convección con masa para croissants.

1. Hay 6 bandejas metálicas de 800 g cada una = 4.800 g de metal

2. Un total de 60 croissants de 70 g = 4.200 g de producto

Eso hace 9.000 g de materiales que se encuentran a temperatura ambiente y necesitamos calentar a una temperatura de horneado de 170 °C. Es como echar hielo a una bebida. Se enfría rápidamente. Se necesita mucho tiempo para transferir suficiente energía a las bandejas y al producto para recuperar la temperatura de horneado correcta. Por ejemplo, configuro el termostato de mi horno de convección a 220 °C, lo cargo, cierro la puerta y regulo el termostato a 170 °C para hornear mi producto. Si no hiciera esto, la temperatura del horno bajaría a 120 °C y los productos quedarían bien debido al mayor tiempo de horneado, se secarían y perderían esa frescura que aporta un horno caliente a los productos. Mi horno cae más de 50 °C después de la carga, por lo que siempre lo tengo en cuenta al hornear. Familiarizarse con nuestro propio horno es sencillo, midiendo la bajada o caída de temperatura del horno cuando está completamente cargado. Un termómetro infrarrojo TI es una excelente herramienta para ello.

Explicación del Porcentaje del Panadero

Muchas personas se bloquean cuando trabajan con números. Recibo muchas preguntas online sobre el porcentaje o cálculo del panadero, como también se conoce. Si puedes contar hasta 10, ¡tu también puedes hacerlo! Si puede contar hasta 100, será mucho más sencillo. El porcentaje o cálculo del panadero simplemente significa que el ingrediente principal, la harina en todas sus formas en una receta, tanto integral, blanca, centeno, etc. ha de ser siempre 100%. Todos los demás ingredientes se miden en función de la cantidad de harina en la receta. Si bien las cantidades de peso pueden aumentar o disminuir según el tamaño o volumen de la mezcla, los porcentajes siempre permanecerán constantes. Si está preparando una receta de gran volumen, puede escalarla a cantidades comerciales o reducirla para hornear en casa sin que la receta se altere de ninguna manera, ya que los porcentajes mantienen las proporciones exactas de los ingredientes durante la conversión. La hidratación de la masa es el porcentaje de líquidos totales en una receta en relación al peso total de harina. Los líquidos habituales utilizados en bollería y repostería incluyen agua, huevo y leche. He incluido agua y huevo en este ejemplo para explicar los niveles de hidratación en una masa. A continuación, presento un ejemplo de conversión de recetas con el porcentaje del panadero, que se puede aplicar a todas las demás recetas:

Ejemplo de Receta de Pan en % del Panadero

Ingrediente	Peso en g (vol. pequeño)	Porcentaje del Panadero	Peso en g (vol. grande)
Harina	80	80%	8.000
Harina Integral	20	20%	2.000
Harina total:	**100**	**100%**	**10.000**
Agua	68	68%	6.800
Huevo	5	5%	500
Hidratación total:	**73**	**73%**	**7.300**
Sal	2	2%	200
Mantequilla	4	4%	400
Levadura fresca	2	2%	200

Para desglosar los componentes principales de la receta, he separado dos tipos de harina y dos tipos de líquido para medir con precisión la hidratación de la masa. El ejemplo anterior uso 100 g de harina en la receta, 80% de harina blanca y 20% de harina integral y se expresa como un total combinado de 100%. El 68% de agua y el 5% de huevo se combinan para dar una cifra de hidratación combinada del 73%. Todos los demás ingredientes se expresan de manera similar, sal 2%, mantequilla 4% y levadura fresca 2%. Al ver el porcentaje del panadero a primera vista, el cocinero puede determinar si la masa está muy hidratada (más del 70%) o, en el caso de la masa de croissant, una masa rígida con un 50% de hidratación. Dependiendo de los tipos de harina utilizados en una receta de bollería y repostería, he preparado con éxito croissant con diferentes niveles de hidratación, recomendando un nivel de hidratación de entre el 46% y el 57% según la fuerza de la harina y la capacidad de adsorción de la harina (el almidón dañado en el proceso de molido aumenta su capacidad de adsorción). A continuación se muestra una receta de *viennoiserie* para croissant que he usado muchas veces. He hecho una hoja de cálculo de recetas ampliada que incluye todos los ingredientes de la receta, el peso en gramos y el porcentaje del panadero.

Además, incluyo el rendimiento del producto, el porcentaje total de mantequilla en la masa, que incluye la mantequilla en la masa, más la mantequilla de laminado. Finalmente, he codificado por colores la hoja de cálculo inferior: la harina es naranja, los líquidos son azules y la mantequilla es, por supuesto, amarilla. La hidratación en este ejemplo es del 50%.

Receta Base para Croissants

Ingredientes	1	1/2	Usando harina 100%	
			% del Panadero	% de Hidratación
	Kg/g	Kg/g	500	50,00
Paso 1: Dejar reposar la masa durante la noche				
Harina de fuerza	500	250	100,0 %	
Huevo	50	25	10,0 %	
Agua	200	100	40,0 %	
Azúcar	45	23	9,0 %	
Levadura fresca	35	18	7,0 %	
Leche en polvo	25	13	5,0 %	
Sal	7	4	1,4 %	
Mantequilla	25	13	5,0 %	
Peso del Bloque de Masa	887	444	% de Mantequilla en la Masa	% Total de Mantequilla en Masa y Laminado
Paso 2: Laminado				
Mantequilla para el Laminado	225	113	25,4	30,4
Peso Total	1.112	556		
Rendimiento	15	7		
Peso de cada porción (g)	75			

Temperatura Central y Enfriamiento de la Masa con Hielo

Una parte crucial de la buena bollería es controlar tanto la fermentación de la masa como la temperatura de la mantequilla durante todo el proceso. Es esencial evitar que la masa se despiece o fermente durante la etapa de laminado, ya que se formarían capas irregulares en la masa. Al utilizar varios medios para enfriar la masa, se retrasa la fermentación; tanto la masa como la mantequilla permanecen frías durante todo el proceso. Los refrigeradores industriales, congeladores, abatidores y mantas de hielo Cryopack® son herramientas esenciales en bollería. En muchas cocinas y panaderías profesionales, hay una sala con aire acondicionado para controlar la temperatura ambiental para la consistencia de la masa. La mayoría de los panaderos no tienen el lujo de contar con ese espacio o equipo en sus hogares. Incluso en muchas escuelas culinarias que carecen de equipos como enfriadores rápidos, es una práctica común simplemente envolver la masa en una lámina de plástico y enfriarla en una bandeja de metal en el congelador. Es fundamental envolver la masa en una lámina de plástico gruesa para evitar que se congele su superficie. Además, al usar las mantas de hielo, el plástico evita que la masa se moje y se vuelva pegajosa. Cuando la masa se enfría así, la parte inferior de la masa en contacto con la bandeja congelada comenzará a enfriarse rápidamente por contacto o conducción. Los lados y la parte superior de la masa tardan más en enfriarse, ya que dependen de la circulación de aire frío o de la convección para enfriarlos, creando un desequilibrio en el proceso de enfriamiento. A menudo, el fondo, las esquinas y los bordes de la masa comienzan a congelarse más rápido que el resto de la masa y causan problemas durante el proceso. La congelación no es uniforme en todo el bloque de masa, y en diferentes zonas, la masa tiene diferentes temperaturas.

Es vital que la masa se enfríe rápidamente y no se congele durante el proceso de preparación, ya que la congelación daña los cristales de agua tanto en la masa como en el agua y los cristales de grasa en la mantequilla. Si se congela, la masa se agrietará y podría partirse, y la mantequilla se endurecerá, volviéndose quebradiza y podría romperse, dando un aspecto marmoleado a la masa y estropeando las capas creadas durante la preparación. Los panaderos antiguamente solían usar dos bandejas de metal congeladas para enfriar la masa rápidamente. Las bandejas, colocadas como un sándwich en la parte superior e inferior de la masa de hojaldre, enfrían rápidamente las capas externas de la masa. Sin embargo, la masa rápidamente absorbe todo el frío de las bandejas, con lo que debe repetirse el proceso de enfriado varias veces para que sean efectivas y mantengan una baja temperatura.

Un método moderno es usar las "mantas de hielo Cryopack®", disponibles en Amazon. Merece la pena la inversión en el caso de panaderos profesionales. Para panaderos caseros o aficionados,

dos paquetes de maíz o guisantes congelados sirven igual de bien que las mantas de hielo para pequeñas cantidades de masa, y es una opción económica que produce excelentes resultados. https://youtu.be/-WZ9w0gPjy Vi por primera vez el uso de mantas de hielo en bollería y repostería en la competición de la Coupe du Monde de la Boulangerie, París, a mediados de 2000 por el miembro del equipo de EE. UU. Peter Yuen y otros participantes de Asia. Las mantas de hielo son excelentes para enfriar rápidamente la masa laminada, ya que el bloque de masa está encapsulado en la parte superior e inferior, tocando físicamente la capa de hielo. Como resultado de este contacto directo entre la masa y la manta de hielo, es posible un enfriamiento muy eficiente, uniforme y rápido del bloque de masa de hojaldre.

En la ilustración de la página 47, un bloque doblado de masa (naranja) se muestra un pliegue de libro o 4, envuelto en una manta de hielo (azul). La masa está en contacto con la manta de hielo, con lo que la masa se enfría rápidamente. Cuanto más gruesa es la masa, más tarda en enfriarse su centro. En el lado izquierdo del diagrama, el bloque de masa es mucho más grueso (30 mm) que el de la derecha (15 mm). La línea negra gruesa muestra el núcleo o centro del bloque de masa. La masa se enfría desde el exterior hacia el centro; cuando se envuelve en mantas de hielo, la masa se enfría doblemente, por la parte superior e inferior.

Cuando se envuelve en la manta de hielo, el grosor de la masa es importante, ya que cuanto más delgada sea, más rápidamente se enfriará la masa. En el diagrama de la izquierda, la capa de hielo debe enfriar a través de 15 mm de masa, y existe el peligro de que la masa comience a moverse o fermentar en el centro antes de que el frío le afecte. En el lado derecho de la ilustración, el bloque de masa está laminado hasta 15 mm. La capa de hielo solo debe enfriar a través de 7,5 mm de masa para llegar al centro y, como resultado, se enfría el doble de rápido. Por lo tanto, recomiendo doblar la masa entre 12 mm y 15 mm antes de enfriarla en mantas de hielo.

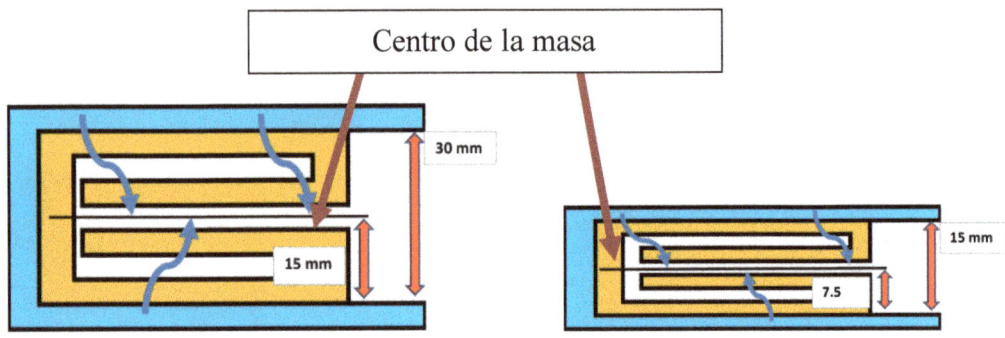

Entendiendo la Temperatura Central en la Fermentación

Como se comentó anteriormente sobre la temperatura central al enfriar la masa, la parte central de algo generalmente se conoce como núcleo o centro. Cualquier masa a la que se le de forma, ya sea croissant, *pain au chocolat* o napolitana de chocolate y *pain aux raisin* o caracola, tendrá un perfil con capas enrolladas una encima de la otra, un núcleo y un exterior. La masa es un mal conductor del calor, por lo que su exterior absorberá la temperatura del fermentador más rápido que su centro. Este problema se ve agravado por las formas de bollería cuyos núcleos están lejos de su exterior, como el croissant y la napolitana. La parte exterior de la masa en una fermentadora comenzará a calentarse lentamente, pero el calor tardará un tiempo en penetrar por toda la masa hasta el centro. Por lo general, la masa de croissant fermenta aproximadamente a 26 °C o 27 °C durante 2 o 3 horas. Es imposible fermentar la masa de croissant a una temperatura más alta, ya que la mantequilla se derretirá dentro de las capas y se convertirá en aceite, estropeando las capas creadas durante el laminado. Como se ilustra en el diagrama siguiente, la superficie exterior comienza a calentarse y fermentarse.

Se necesita tiempo para que el calor de la fermentación llegue al núcleo de la masa y la caliente. La estructura en forma de panal es un buen indicador de una masa fermentada con éxito. Un núcleo grueso y no aireado, indica un tiempo de fermentación insuficiente y una cocción de la masa antes de que el núcleo se haya abierto y esté completamente fermentado. Posiblemente sea el fallo más común en panadería laminada con levadura.

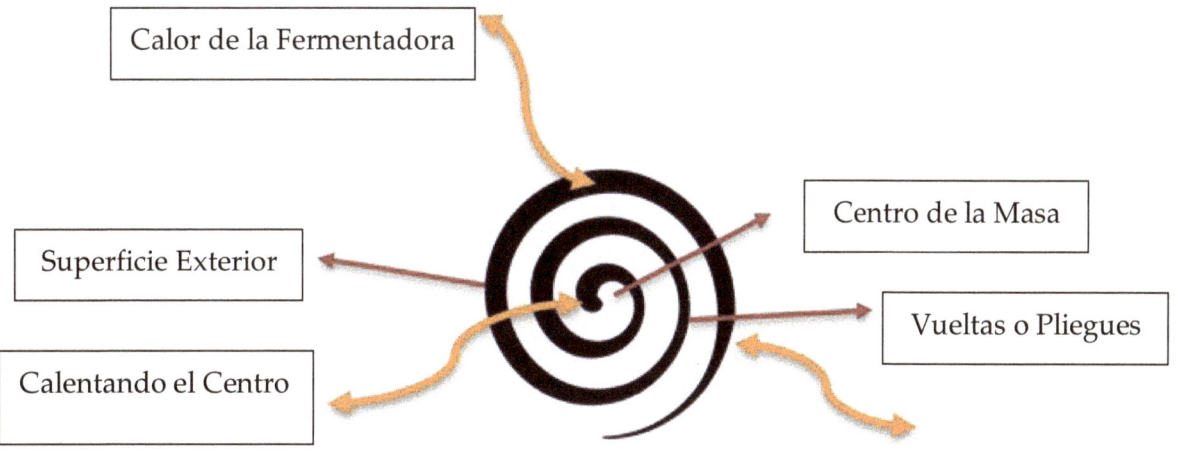

Recetas Usadas en Este Libro

Me he basado en muchas recetas diferentes al escribir este libro. Todas funcionan muy bien y tienen ligeras variaciones entre ellas. No tengo una receta favorita, ya que todas sirven para ampliar la experiencia, estudios y conocimientos previos sobre bollería. Además, cada panadero (profesional o aficionado) tiene sus propias recetas favoritas e ingredientes secretos. Aún así, se pueden aplicar muchas de las técnicas de este libro para mejorar los resultados de sus propios productos y procesos. El conocimiento, la práctica y la coherencia son elementos clave para perfeccionar la bollería laminada. La hidratación del 48% al 52% de la masa resultará en una masa fácil de manipular y mantendrá su forma fácilmente. Mi porcentaje de hidratación óptimo es aproximadamente el 50% para la mayoría de la masa laminada que hago con harina irlandesa, pero esto puede requerir pequeños ajustes según el país, la harina disponible y la fuerza de la harina. Si aumenta la hidratación más de ese porcentaje, la masa se vuelve pegajosa y necesita de mucha harina para espolvorear. No mantiene bien su forma y fluirá en la fermentación extendiéndose sobre la bandeja mientras se hornea y generalmente no será tan consistente como una masa hidratada a niveles inferiores. La visibilidad de las capas también se ve afectada por una mayor hidratación; algo a tener en cuenta.

Factores de Procesado

- Se puede usar un pre-fermento *poolish* hasta un máximo del 10% del peso de la masa si su harina es muy fuerte, añadiendo elasticidad y sabor a la masa.
- También se puede añadir a la masa *pâté fermentée* que aporta sabor y elasticidad.
- Los tiempos de mezcla de la masa indicados son utilizando una batidora estándar tipo Hobart con accesorio para masa: 4 minutos a velocidad 1 y de 4 a 5 minutos a velocidad 2. Los tiempos varían dependiendo del tipo de batidora.
- Después de mezclar, se cubre la masa con plástico y se deja cinco minutos de fermentación a temperatura ambiente. Se extiende la masa entre 12 mm a 15 mm. Se envuelve la masa en plástico y se coloca en el refrigerador durante toda la noche a una temperatura de entre 3 °C –4 °C durante de 12 a 16 horas.
- Un proceso de fermentación en frío aporta mejor sabor, relaja y a la vez da fuerza a la masa, impartiendo elasticidad para el proceso de laminado.
- La hidratación de la masa debe ser entre el 48% y 51%, según el tipo de harina usada.
- En circunstancias ideales, la masa y la mantequilla deben tener consistencia similar.
- Por la mañana, al sacar la masa fermentada del frigorífico, ¡NO AMASE NI MANIPULE LA MASA! De lo contrario, la endurecerá y se encogerá por el retroceso elástico.
- Simplemente estírela con la ayuda del rodillo hasta que alcance un grosor de 10 mm, envuélvala en plástico y póngala en el congelador durante 10 minutos.
- La masa debe enfriarse hasta llegar a unos 3 °C antes del cierre con mantequilla.
- Lo ideal es que la mantequilla se forme en un bloque rectangular delgado el día anterior y se guarde en el refrigerador. Antes de usarla, saque la mantequilla del frigorífico unos minutos antes para que se ablande un poco. Debe ser maleable, como masilla y no dura ni quebradiza. Prueba a doblarla antes de colocarla sobre la masa. Si está rígida, espere unos minutos.

- **En esta página se incluye un tutorial en YouTube sobre cómo hacer el bloque de mantequilla usando una laminadora de repostería o bollería.**
- La mantequilla estará lista para laminar cuando tenga consistencia plástica a una temperatura aproximada de 7 °C a 11 °C. Pinche la mantequilla con un dedo, y si el dedo entra sin derretir la mantequilla, está lista para usar (ver en el video).
- La mantequilla y la masa aumentan de temperatura debido a la temperatura atmosférica externa y la fricción de enrollar la masa. En las laminadoras mecánicas, la temperatura de la masa puede aumentar hasta 1 °C por pasada solo con la fricción.

Cómo Preparar un Bloque de Mantequilla en YouTube

Visita el enlace: https://youtu.be/Cj0gEXtXexw

Cierre y Sistema de Numeración del Laminado

Hay mucha confusión sobre los nombres, los tipos y cantidades de pliegues usados en panadería. El sistema de numeración universal es un método más preciso y apropiado para describir y definir cómo se dobla la masa después de añadirle la mantequilla. Los números son internacionales y proporcionan una comprensión global de las secuencias de laminado. La primera etapa siempre se conoce como cierre. El número de cierre siempre aparecerá en negrita al comienzo de una secuencia, por ejemplo, en un 3 o un 5. Hay dos tipos de ingredientes compuestos en los sistemas de bollería laminada:

1. Componente de Masa
2. Componente de Grasa o Mantequilla

Los dos componentes mencionados anteriormente son los mismos para la producción de hojaldre. La única diferencia es que, en el caso de la masa para croissant, está fermentada. Para llevar a cabo el laminado, la mantequilla o grasa debe ser introducida en el cierre que se conoce como el primer número en la secuencia, que, como se mencionó anteriormente, se resaltará e identificará en negrita en todo el libro. El primer número en el sistema de laminado es siempre el número de cierre en el que se "encierra" el bloque de mantequilla entre la masa, como si se tratara de un sándwich de masa con mantequilla en medio.

Puntos de Contacto de la Masa

Si cogemos un trozo de masa con los dedos, lo estiramos, lo doblamos sobre sí mismo y lo apretamos, no forma dos capas de masa separadas. Muchos de nosotros hemos hecho algo parecido de niños al masticar y jugar con chicle. La fuerza de compresión sobre la masa y la pegajosidad de la masa hacen que las dos capas externas de masa se unan y se conviertan en una sola capa de masa. Aplicando este principio a la elaboración de masa para croissant, la masa encapsula la mantequilla y se extiende para crear una fina hoja de masa, la masa siempre permanece fuera. La mantequilla siempre permanece entre las capas de masa formadas. Cuando la masa en láminas se dobla en forma de libro (4 o medio pliegue 3), las capas de masa externas se apilan una encima de la otra, y a estas capas o pliegues de masa los denominamos "punto de contacto de la masa" o PCM para abreviar.

Cuando se usa un rodillo, los dos puntos de contacto de la masa se convierten en una única capa de masa. Como resultado, debe tener en cuenta esta desaparición de una capa al calcular las capas totales de la masa durante cada proceso de plegado. La fórmula es muy simple y directa. Restas una capa al número total de capas por cada punto de contacto de la masa. Dado que las formas de plegado más comunes son 4 o 3 veces, las matemáticas se vuelven fáciles. Aplicando este principio a cualquier número de pliegues, los siguientes números se aplican para el cálculo exacto de capas.

- ➢ Un pliegue en 6 tiene cinco Puntos de Contacto de Masa — Menos 5 capas
- ➢ Un pliegue en 5 tiene cuatro Puntos de Contacto de Masa — Menos 4 capas
- ➢ Un pliegue en 4 tiene tres Puntos de Contacto de Masa — Menos 3 capas
- ➢ Un pliegue en 3 tiene dos Puntos de Contacto de Masa — Menos 2 capas
- ➢ Un pliegue en 2 tiene un Punto de Contacto de Masa — Menos 1 capa

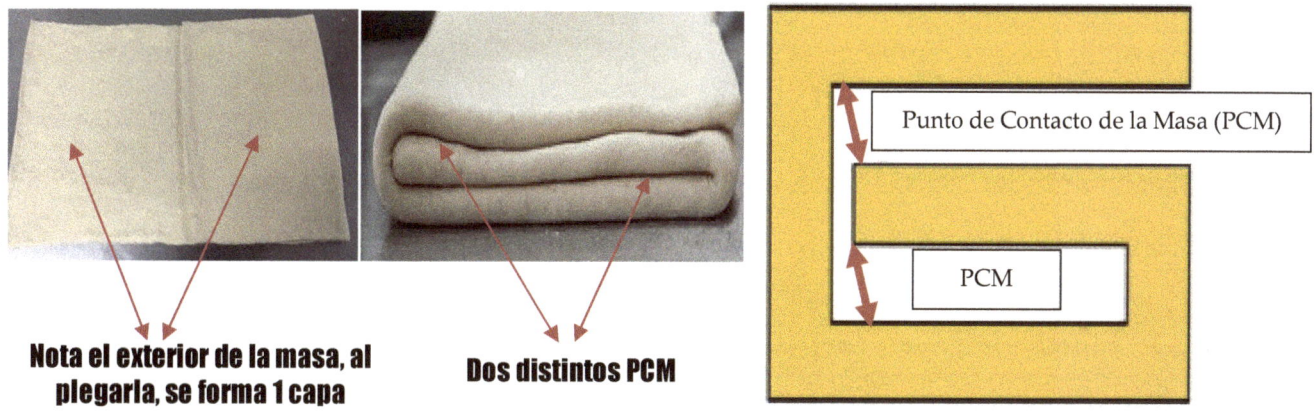

Nota el exterior de la masa, al plegarla, se forma 1 capa — **Dos distintos PCM** — Punto de Contacto de la Masa (PCM) / PCM

Pasos y Etapas para Preparar Masa Fermentada Laminada

Sistema 3-4-3. Descripción del Proceso

El sistema **3-4-3** es posiblemente la secuencia de laminado más popular y usada. Se emplea para croissants, *pain aux raisins* o pan con pasas, chocolatines y muchos otros tipos de bollería. Una vez terminado, la masa tendrá 25 capas alternas de masa y mantequilla. Produce un precioso exterior hojaldrado y un interior en forma de panal. Si bien se usan diferentes estilos e ingredientes en la elaboración de masa laminada, incluyo en este libro una descripción general de los procesos, pasos y secuencias que se utilizan para convertir las materias primas de masa y mantequilla en un bloque de masa terminado. Desarrollaré diferentes recetas y varios sistemas de laminado distintos en capítulos posteriores, como:

1. **3-4-3** (**3-3-4**) (**5-6**)   25 capas (todas tienen la misma cantidad de capas)
2. **5-4-3**   49 capas
3. **3-4-4**   33 capas (usada para *Chocolatine*)
4. **3-3-3 / 3**   55 capas (el "/" indica un período de descanso obligatorio)

El libro hablará también del laminado doble, cruzado, laminado cruzado multicolor y panadería bicolor. Estos específicos sistemas de laminado se explicarán con mayor detalle. La elaboración clásica de croissants normalmente usa el sistema **3-4-3**. Generalmente, una vez que se termina la primera etapa, se completa el cierre, la masa se lamina (se enrolla en una hoja delgada) y se dobla en pliegues de masa en un bloque rectangular; cuyo propósito es construir una estructura de capas alternas de masa, mantequilla y masa. Estas capas le dan a la masa su estructura y aportan ligereza al combinarlas con una fermentación controlada. Es muy importante siempre envolver completamente la masa en plástico para evitar que la superficie exterior de la masa se despiece durante todo el proceso. He incluido un video de YouTube sobre cómo hacer esto correctamente. Los pasos básicos empleados para un sistema **3-4-3** son los siguientes:

- Mezclar la masa y preparar el bloque de mantequilla mientras se mezcla la masa
- Fermentar de la masa durante la noche en refrigerador de 3 °C a 4 °C
- Formar un rectángulo con la masa y colocar el bloque de mantequilla en ella
- Sellar el bloque de mantequilla entre dos capas de masa (cierre **3**) como un sándwich
- Hacer un cierre con la mantequilla entre la masa creando capas alternas de masa y mantequilla
- Laminar el cierre con un grosor de aproximadamente 3,5 mm a 4 mm
- Usar un pliegue en 4 (pliegue de libro) para el primer pliegue de la masa
- Permitir que la masa repose en el congelador
- Laminar la masa con su primer pliegue hasta un grosor de aproximadamente 6 mm
- Usar un pliegue en 3 (media vuelta) para el segundo pliegue de la masa
- Dar forma a la masa hasta un grosor de unos 12 mm y envolverlo con plástico
- Permitir que la masa repose en el congelador
- Laminar la masa y prepararla para cortarla y darle forma
- Fermentación de la masa, barnizado con huevo, horneado y enfriado

Producción de Masa Laminada para Croissant – Receta de Ejemplo

> - Mezclar la levadura, el azúcar y el huevo en agua, batir con un batidor de mano
> - Agregue líquido a la harina y resto de ingredientes. Mezclar hasta formar una masa

Fase de la Masa: Tamice la harina, la leche en polvo y la sal, incorpore la mantequilla en la harina. La masa debe mezclarse en una mezcladora tipo Hobart 20 qt con accesorio para masa. Se recomiendan tiempos de mezcla de 2 minutos a velocidad 1 y 6 minutos a velocidad 2 (Yankellow, 2005). Pero, como siempre, los diferentes tipos de harina determinarán los tiempos de mezcla. Un tiempo de mezcla excesivamente corto hará que la masa se pueda cortar durante el procesado final por medio de la laminadora o con un rodillo de amasar. La masa mezclada debe amasarse en forma de bola, colocarse en un recipiente que permita la expansión de la masa durante el proceso de fermentación en frío y sellarse herméticamente o envolverse con plástico para evitar que se descascarille (Yankellow, 2005). La masa debe fermentarse 45 minutos a temperatura ambiente, enrollada en forma de cilindro, cubierta de plástico, seguida de una fermentación durante la noche en un refrigerador a una temperatura de 3 °C a 6 °C (Vernet, 2020). El objetivo central de este libro es la masa de mantequilla para croissant. Aún así, se pueden cocinar croissants veganos fácilmente sustituyendo la leche, huevo y mantequilla de las recetas con ingredientes sin lácteos, sin huevo y usando margarina de repostería o mantequilla vegana para el laminado.

Receta Base para Croissants

Ingredientes	1	1/2	% del Panadero (Usando harina 100%)	% de Hidratación
	Kg / g	Kg / g	500	50,00
Paso 1: Dejar reposar la masa durante la noche				
Harina de fuerza	500	250	100,0 %	
Huevo	50	25	10,0 %	
Agua	200	100	40,0 %	
Azúcar	45	23	9,0 %	
Levadura fresca	35	18	7,0 %	
Leche en polvo	25	13	5,0 %	
Sal	7	4	1,4 %	
Mantequilla	25	13	5,0 %	
Peso del Bloque de Masa	887	444	% de Mantequilla en la Masa	% Total de Mantequilla en Ambos Masa y Laminado
Paso 2: Laminado				
Mantequilla para el Laminado	225	113	25,4	30,4
Peso Total	1.112	556		
Rendimiento	15	7		
Peso de cada porción (g)	75			

Lección #1. Sistema 3-4-3

Pros y Contras de la Masa Hecha con este Sistema:

25 capas, muy hojaldradas externamente, textura interna de panal abierta y esponjosa. Es el más fácil de los tres sistemas explicados en este libro para laminado a mano debido a la menor cantidad de capas y la menor resistencia durante el proceso de plegado. Este sistema es menos elástico que los **3-4-4**, **5**-4-3 o **3-3-3-3**.

Proceso para el Sistema 3-4-3

La masa fermentada se desgasifica colocándola en láminas a través de una laminadora de repostería o bollería configurada de 10 mm a 12 mm de grosor, envuelta en plástico para evitar que se pele y colocada en un congelador para endurecer la masa, enfriándola alrededor de 0 °C durante 30 minutos (Vernet, 2020). Luego, la masa se saca del congelador y se forma en un rectángulo uniforme del doble del tamaño del bloque de mantequilla. El bloque de mantequilla se coloca en el centro del rectángulo de masa como se ilustra a continuación, y el centro se sella pellizcando la masa, dejando los extremos expuestos con mantequilla en cada extremo.

El Cierre en 3

Masa
Mantequilla
Masa

La masa contiene tres capas, dos capas de masa en la parte superior e inferior, y la capa de mantequilla en el centro. La masa de los lados del bloque también se puede cortar para facilitar el retroceso elástico, conocido como método sándwich. A la primera etapa del proceso se le llama "Cierre", con la mantequilla entre dos capas de masa.

La masa se puede enrollar al doble del ancho de la mantequilla y simplemente doblar por la mitad como un libro, o se

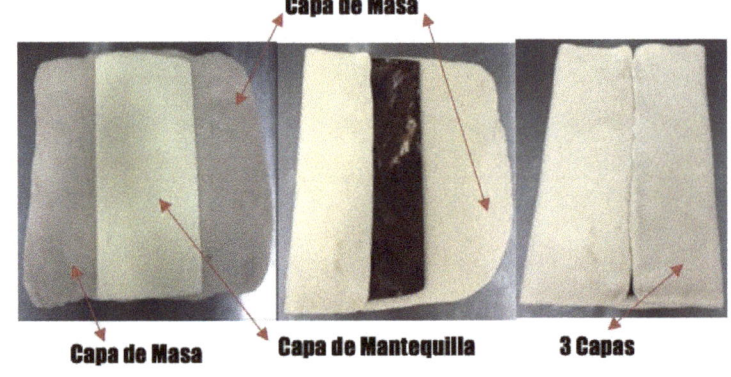

puede doblar sobre la mantequilla en el centro como se ve en la imagen de la derecha, y cerrar en el centro. A continuación, se muestra un ejemplo del método sándwich, donde los lados de la masa se cortan para aliviar la tensión elástica en la masa, exponiendo la mantequilla en los cuatro lados, como un sándwich de queso entre dos capas de pan.

El siguiente ejemplo explica cómo un cierre en **3**, seguido de un pliegue en 4, determina el número de capas resultantes en el laminado y hace ver la importancia de tener en cuenta los puntos de contacto de la masa. Las fotos y los diagramas anteriores ilustran el método sándwich de usar la masa como un pliegue en 3 para formar el cierre antes del laminado. La masa se lamina o enrolla primero en la dirección de la masa pellizcada reduciendo en incrementos de 5 mm a 10 mm. Luego, se va reduciendo a 2 mm cada vez para evitar que se rompa la masa. La masa queda finalmente con un grosor de 4 mm y se dobla en 4 pliegues, que se dobla para un lado (4 mm × 4 pliegues = 16 mm de grosor del bloque de masa).

El Pliegue 4 o Cierre en Libro

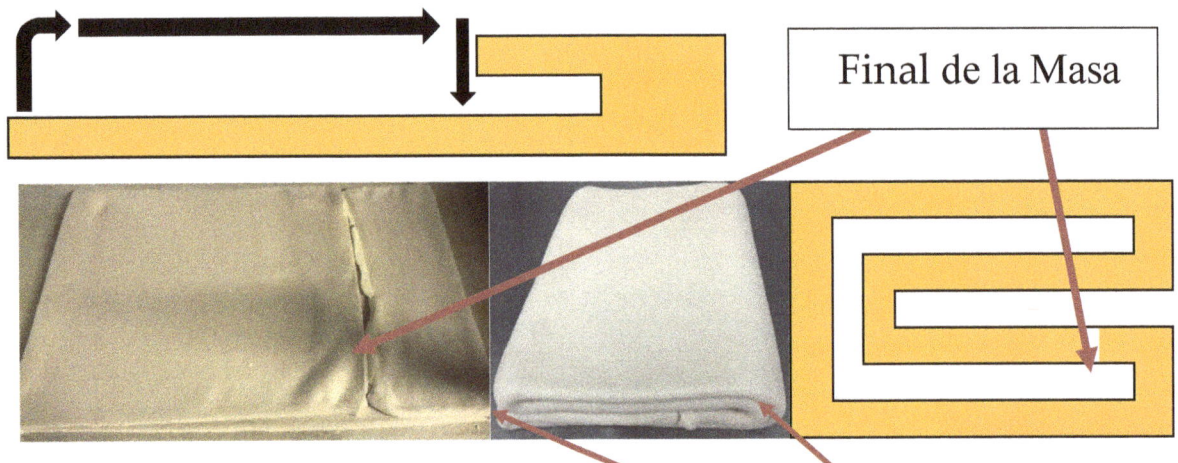

Tenga en cuenta que el pliegue en 4 tendrá finales **abiertos** y **cerrados** (o barriga) en el bloque de masa. Durante el plegado y laminado, los puntos de contacto de la masa se comprimen y forman una capa de masa, como se ilustra en el diagrama siguiente. Por lo tanto, es necesario restar una capa por cada punto de contacto de la masa para calcular las capas finales de mantequilla y masa alternas.

			Capas
	Masa		1
	Mantequilla		2
Puntos de Contacto de la Masa	Masa		3
	Masa	3 (-1)	
	Mantequilla		4
Puntos de Contacto de la Masa	Masa		5
	Masa	3 (-1)	
	Mantequilla		6
Puntos de Contacto de la Masa	Masa		7
	Masa	3 (-1)	
	Mantequilla		8
	Masa		9

La masa se gira 90 ° después del pliegue en 4, se corta la barriga con un cuchillo (ver la página 62) para liberar la tensión elástica, y se cortan los otros dos pliegues en el extremo abierto del bloque de masa. La masa siempre se enrolla de izquierda a derecha con la barriga de la masa hacia el pastelero (barriga con barriga le recordará al pastelero en qué dirección debe orientar la masa cuando la laminamos).

El Pliegue en 3

Las 9 capas formadas hasta ahora en el proceso se laminan una vez más a 5 mm y luego se forma un pliegue en 3 × 9 = 27 (-2 PCM) = 25 capas, como se puede ver en las fotos y el diagrama a continuación. El bloque de masa tendrá aproximadamente 15 mm de grosor (pliegue en 3 × 5 mm de grosor = 15 mm).

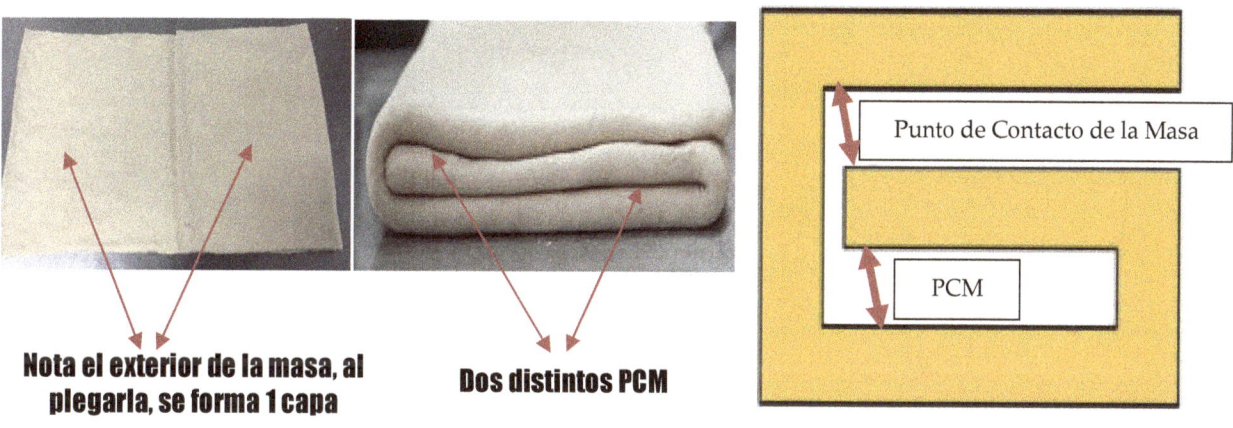

Nota el exterior de la masa, al plegarla, se forma 1 capa

Dos distintos PCM

Punto de Contacto de la Masa

PCM

El bloque de masa ahora tiene 25 capas alternas de masa y mantequilla. Debe laminarse a un grosor entre 12 mm y 15 mm, envolverse en plástico y enfriarse durante de 30 a 45 minutos en un congelador o entre mantas de hielo para relajar el gluten y controlar la temperatura de la masa, deteniendo la fermentación.

Configuración de la Laminadora

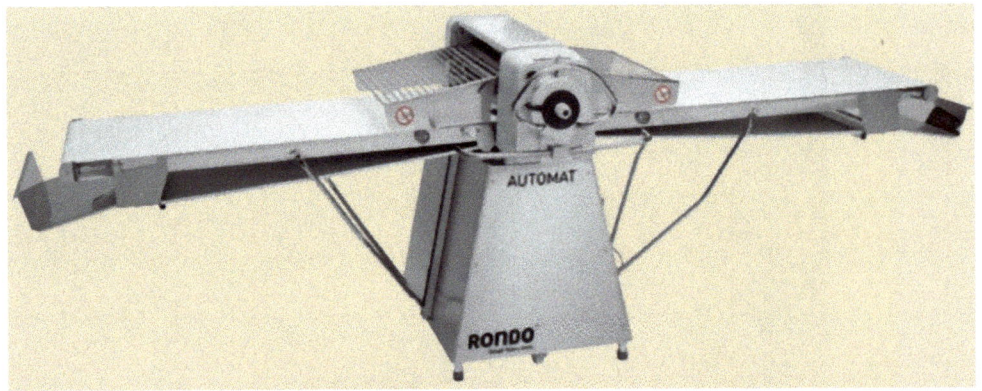

He usado laminadoras de la marca Rondo por todo el mundo para hacer masa laminada. Encuentro que son excelentes máquinas. Todas las laminadoras laminan la masa o el hojaldre hasta un espesor específico en cada secuencia de plegado usando una rueda de reducción calibrada numéricamente en milímetros desde 30 mm hasta 1 mm. Las máquinas más grandes tienen ajustes de 45 mm o más completos, pero generalmente, serán los números más pequeños los que usaremos principalmente. Normalmente hay un ajuste para configurar los rodillos a un espacio en mm. Al utilizar esta función, la masa permanecerá en el grosor programado en la configuración de la laminadora. No se formarán más delgadas que la configuración, lo que evitará que las láminas salgan demasiado finas y así la masa tendrá un grosor predeterminado que dará consistencia en el espesor del laminado.

Análisis sobre el Grosor de la Masa en el Pre-Cierre en 3-4-3

Recomiendo comenzar con el sistema **3-4-3** al principio de la práctica del laminado, y cuando uno esté familiarizado, puede probar otros sistemas de laminado con diferentes sistemas de numeración. La masa también se puede laminar a mano. Si está usando una laminadora, configure la masa a uno 12 mm y la mantequilla a 5 mm. Cuando se realiza el cierre, el bloque de masa tendrá dos capas de masa de 12 mm, y una de mantequilla de 5 mm de grosor, dando un total de 29 mm de grosor, que pasará fácilmente por los rodillos de la laminadora a 30 mm. Al enrollar a mano la masa para croissant, la altura de la masa no es un problema. La mayoría de las laminadoras de repostería básicas tienen rodillos con apertura hasta 30 mm, pero las laminadoras de más capacidad, como dije antes, pueden configurarse a 45 mm.

Configuración General para el Laminado, Cierre y Primer Pliegue en 4

Los ajustes de laminado que aconsejo usar son los siguientes: El bloque de masa debe prepararse como un sándwich, reducido gradualmente, descendiendo en unidades de 5 mm a 10 mm, luego decrementar de 2 mm a 10 mm cuando masa se vuelva más fina. Asegúrese de que el botón de parada esté activado para evitar que la masa quede atrapada. Use harina para espolvorear con moderación.

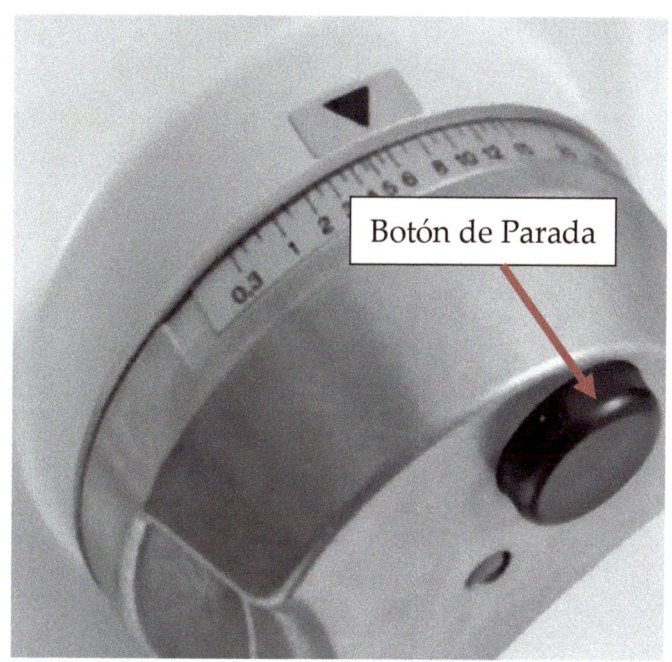

- 30 mm
- 25 mm
- 20 mm
- 15 mm
- 10 mm
- 8 mm; después 6 mm
- 4 mm después plegar de manera deseada (4)

Al reducir el bloque de masa a 4 mm nos aseguramos que la mantequilla se adapte correctamente entre las dos capas de masa. Debemos de hacer un pliegue en 4 durante esta etapa. Por ejemplo, si hacemos un pliegue en 4, el bloque de masa tendrá poco más de (4 mm de grosor × 4 pliegues) = 16 mm, más los espacios de aire entre ellos. Configure la laminadora a 20 mm, gire la masa 90 ° para que el extremo abierto mire hacia afuera y el extremo cerrado (el doblez) hacia nosotros. Asegúrese de cortar los pliegues de masa para liberar la tensión elástica antes de seguir el proceso.

Configuración de la Laminadora para el Pliegue en 3

El bloque de masa tiene un pliegue en 4 o pliegue en libro, con un grosor aproximado de 16 mm, de ahí el ajuste a 20 mm del laminador, lo que permite cierto margen de expansión. El bloque de masa se debe reducir a través de los rodillos descendiendo en unidades de 5 mm a 10 mm.

Luego reduciendo en 2 mm cada vez. La configuración final de la laminadora debe ser 5 mm ya que la mantequilla ya está en la masa.

- 20 mm
- 15 mm
- 10 mm
- 8 mm; 6 mm
- 5 mm, después, plegar (3)

La masa debe recibir un pliegue en 3 en esta etapa. Por ejemplo, si le damos a la masa un pliegue en 3, el bloque tendrá poco más de (5 mm de× 3 pliegues) = 15 mm de grosor, más los espacios de aire. Configure la laminadora a 20 mm, gire la masa 90° para que el extremo abierto mire hacia afuera y el extremo cerrado (el doblez) hacia nosotros. Reducir gradualmente hasta 12 mm y enfriar en el congelador envuelto en plástico. Descanse durante 30 o 40 minutos, luego la masa estará lista para el laminado, corte y forma final.

Configuración Final de la Laminadora para el Sistema 3-4-3

El bloque de masa ahora debe tener poco más de 12 mm después de reposar en el refrigerador, por lo tanto, ajuste la laminadora a 15 mm para comenzar, lo que permite un margen para la fermentación de la masa. Cortar los dobleces (página 62); la masa se debe reducir descendiendo gradualmente de 5 mm a 10 mm. Luego, reduzca con cuidado en decrementos de 2 mm cada vez hasta que se finalice. La configuración final del grosor de la laminadora debe realizarse en la función de parada, y la masa se debe configurar con el grosor que se requiera para su receta.

Una vez más, asegúrese de que el bloqueo de ajuste esté activado para evitar que la masa quede atrapada.

- 15 mm
- 10 mm
- 8 mm
- 6 mm
- 4 o 3.5 mm para croissants, o grosor requerido para nuestra receta

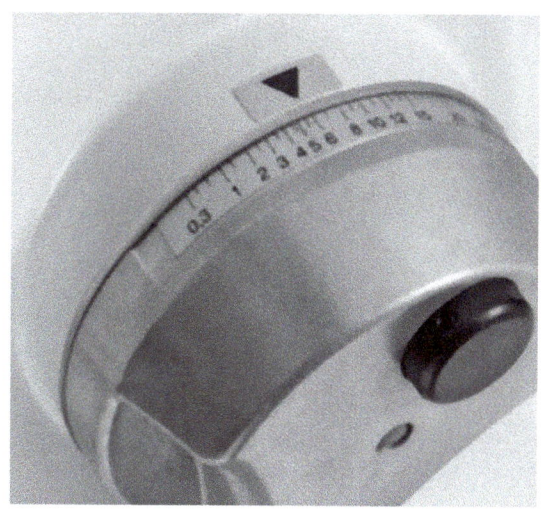

Cortando los Dobleces de la Masa Para Facilitar el Retroceso Elástico

En la imagen de arriba, uso un cuchillo afilado para cortar la doblez del bloque de masa o la parte doblada del bloque para aliviar la tensión o retroceso elástico justo antes de taparlo. Estos cortes mantienen la masa en un rectángulo recto durante el proceso. Hay dos dobleces en un pliegue en 3, dos dobleces en un cierre en 5; (vea la página 63) y tres dobleces para cortar en un pliegue en 4. Recuerde siempre cortar la masa justo antes del laminado y doblado final.

Lección #2. Sistema 5-4-3

Pros y Contras de la Masa Hecha con Este Sistema

El bloque de masa tiene 49 capas, es menos hojaldrado, tiene una textura de panal de hojas más pequeña, es un poco más difícil de laminar a mano debido a la elasticidad de las capas adicionales. El producto terminado tiene buenas calidades, no es tan hojaldrado como otros sistemas como **3-4-3** o **3-4-4**.

Proceso para el Sistema 5-4-3

El sistema **5-4-3** comienza formando un rectángulo con la masa enfriada. El bloque de mantequilla preparado y enfriado se coloca posteriormente sobre 4/5 de la masa; la masa luego se dobla en tres, formando dos capas de mantequilla y tres capas de masa: 5 capas en total. Por esto se le conoce como cierre en **5**, donde la mantequilla se cierra en la masa.

El Cierre en 5

- La primera etapa siempre es conocida como etapa de "Cierre"
- Par plegar un cierre en **5,** colocar mantequilla sobre 4/5 de la masa
- Estire la masa de la parte inferior para cubrir la mitad del bloque de mantequilla
- Pliegue el tercio superior para abajo, y conseguiremos 5 capas alternas, 3 de masa, 2 de mantequilla.

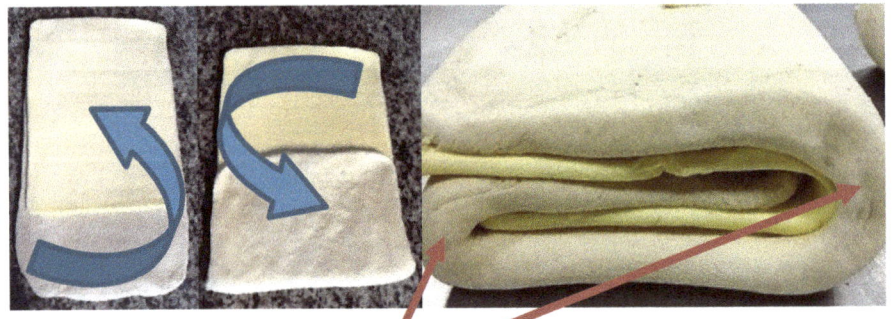

En este pliegue en 5, hay dos **"dobleces"** de masa. Estos deben cortarse con un cuchillo afilado (página 62) para liberar la tensión de la masa. A continuación, amase con un rodillo. La masa disminuirá su grosor gracias a la laminadora gradualmente de 5 a 10 mm, luego en decrementos de 2 a 4 mm de grosor usando una laminadora o un rodillo para crear una tira larga y uniforme de masa que luego se doblará en pliegue en 4 o pliegue de libro (masa de 4 mm de grosor × 4 pliegues = 16 mm). Si se lamina a mano, es muy importante usar una pequeña cantidad de harina para espolvorear y asegurarnos de que la masa nunca se pegue a la superficie de trabajo. Cuando se usa una laminadora, se requiere muy poca harina. Las capas pueden dañarse si la masa se pega a la mesa o la laminadora, y el resultado final no será de buena calidad ni apariencia.

Pliegue en 4

Siguiendo al cierre en **5**, el pliegue en 4 es el primero de los dos pliegues, y después de que la masa se haya laminado gradualmente en la dirección del doblado a 5 mm de espesor, luego recibirá el pliegue en 4. ¡Recuerde laminar Izquierda-Derecha con el doblez de la masa enfrente! Siga los pasos del número de hojas que se encuentra en la lección de la página 60.

Pasos para el Proceso de Pliegue en 4

El bloque de masa se aplana y se lamina en un rectángulo largo y fino de aproximadamente 4 mm de espesor. Al ajustarnos a este grosor nos aseguramos de que la masa y la mantequilla se junten y formen una masa con 5 capas distintas y separadas, a la que posteriormente se le da un pliegue de libro, también conocido como (4), o pliegue en 4. Este proceso se consigue levantando los extremos de la masa, juntándolos y uniéndolos ligeramente. A continuación, la masa se dobla como un libro y la masa se dobla en 4 pliegues, como se ve en las fotografías centrales y los diagramas de la página siguiente. Se doblan las cinco capas de masa y mantequilla combinadas durante la etapa del cierre en 5 en cuatro pliegues, dando al bloque de masa técnicamente 5 × 4 capas. El bloque de masa ahora tiene 20 (-3 PCM): 17 capas, restando los puntos de contacto de la masa o PCM. Hay capas alternas de masa y mantequilla. El bloque de masa debe tener aproximadamente 16 mm de grosor (masa de 4 mm × 4 pliegues = 16 mm). Luego laminamos el bloque de masa entre 12 y 15 mm, lo envolveremos en plástico para evitar que se despelleje y lo colocamos en el congelador durante 30 minutos. También se pueden usar mantas de hielo para enfriar la masa. Recuerde, cuando comprimimos dos capas de masa juntas, se fusionan para convertirse en una única capa, con lo que deben restarse al contar la cantidad total de capas. No olvide girar la masa 90 ° (doblez con doblez) antes de laminar. Fíjese en los 3 PCM siguientes en pliegue en 4.

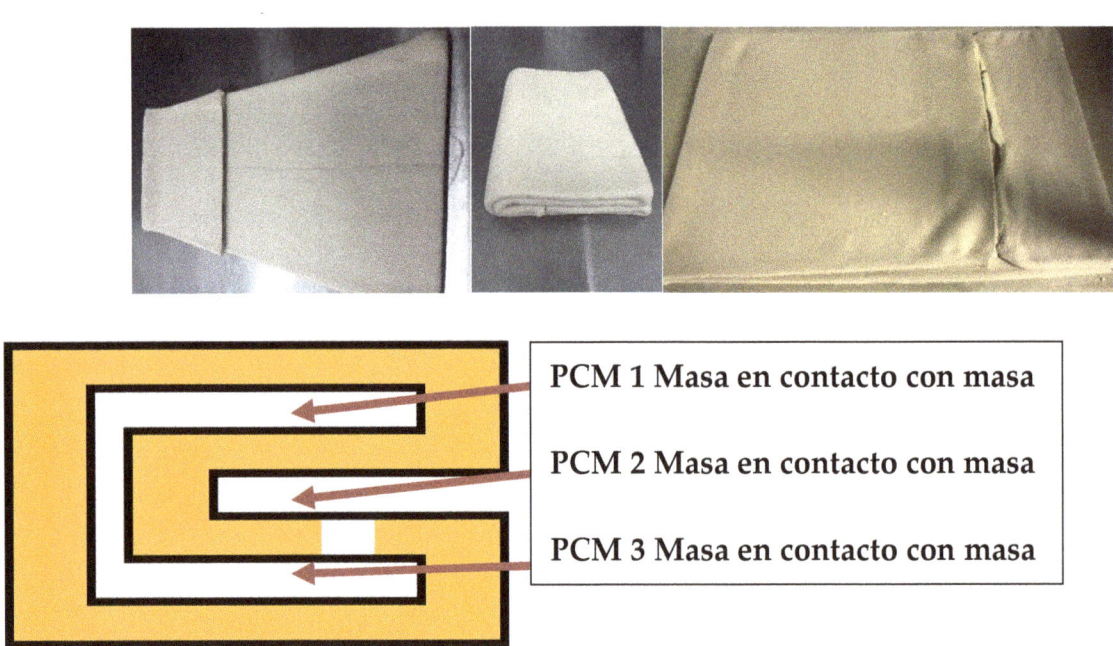

Congelado y Reposo

La masa debe colocarse en láminas de entre 12 mm y 15 mm y envolverse en plástico para evitar la condensación y quemaduras por congelación. La razón del laminado posterior es reducir la masa, de modo que el congelador reduce la temperatura central del bloque de masa rápidamente y evita que la levadura fermente antes de que la masa esté preparada para el laminado final. Cuando la masa se dobla de esta manera (pliegue en 4), siempre habrá dos partes, la parte exterior de la masa y la interior, PCM. Al calcular el número de capas, cuando la masa está en contacto la masa, no cuenta como dos capas distintas. Recuerde, cuando se comprimen dos capas de masa juntas, se fusionan para convertirse en una capa y deben restarse del cálculo final. Por lo tanto, se cuenta como una capa. Esto ocurre tres veces en este pliegue en 4, se restan tres PCM del número total de capas, y la masa ahora tiene 17 capas en esta etapa del proceso. Vea los diagramas a continuación.

Ejemplo del Cálculo de Capas Tras Restar los PCM en el Pliegue en 4

		Capas			Capas
	Masa	1		Masa	1
	Mantequilla	2		Mantequilla	2
	Masa	3		Masa	3
	Mantequilla	4		Mantequilla	4
Puntos de Contacto de La Masa	Masa	5		Masa	5
	Masa	5 (-1)		Mantequilla	6
	Mantequilla	6		Masa	7
	Masa	7		Mantequilla	8
	Mantequilla	8		Masa	9
Puntos de Contacto de La Masa	Masa	9		Mantequilla	10
	Masa	5 (-1)		Masa	11
	Mantequilla	10		Mantequilla	12
	Masa	11		Masa	13
	Mantequilla	12		Mantequilla	14
Puntos de Contacto de La Masa	Masa	13		Masa	15
	Masa	5 (-1)		Mantequilla	16
	Mantequilla	14		Masa	17
	Masa	15			
	Mantequilla	16			
	Masa	17			

El Pliegue en 3

La masa para croissant se saca del congelador y se coloca en la laminadora. Luego, la masa se enrolla a 5 mm en un rectángulo y se dobla en lo que se denomina triple, pliegue simple o pliegue en 3. La masa ahora tiene 15 mm de espesor. La masa tiene 17 × 3 capas: 51 (-2 capas) teniendo en cuenta los PCM en esta etapa. Es decir, la masa tiene ahora 49 capas de masa y mantequilla. Envuelva bien la masa en plástico para evitar que se despelleje y colóquelo en el refrigerador o congelador durante 40–60 minutos, o use mantas de hielo para enfriar la masa durante 30–45 minutos antes de envolverla.

 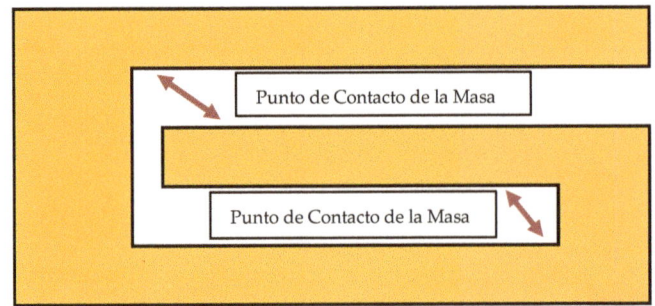

La Etapa Final: Laminado

El laminado es el proceso de reducir la masa al espesor requerido para el procesado final. Lamine la masa entre 3,5 mm y 4 mm y colóquela en el congelador durante 15 minutos. Ayuda a evitar que la masa se encoja. Dale la forma deseada: croissant, napolitana, etc.

Lección #3. Sistema 3-4-4

Usado generalmente para hacer Napolitanas *(Pain au Chocolat o Chocolatines)*, el sistema 3-4-4 produce 33 capas, las napolitanas tienen mejor consistencia con las 8 capas que el sistema 3-4-3 usado para croissants. Como comentamos anteriormente, no olvides cortar el doblez de la masa con un cuchillo en cada rotación de la masa antes de laminar y plegar para facilitar el retroceso elástico.

El Cierre en 3

El laminado del bloque de masa seguido de los distintos pliegues permite que las capas de masa y mantequilla se monten simultáneamente. Como la mantequilla es grasa y la masa a base de agua, permanecerán separados cuando se extiendan durante el proceso de laminado. Esto permite formar capas individuales de masa y mantequilla doblando la masa en secuencias designadas. Después del cierre en **3**, la masa ahora contiene tres capas, es decir, masa, mantequilla y masa. A esto se le conoce como el primer **3** en las secuencias de laminado. La masa se coloca en una laminadora y se gira 90 ° desde el cierre; la unión formada debe estar orientada y apuntar horizontalmente hacia los rodillos de la máquina. Cortar los dobleces (página 62). Comenzar el laminado, el grosor de la masa se reduce gradualmente de 5 mm a 10 mm cada vez. Luego se reduce gradualmente en 2 mm hasta un grosor final de 4 mm para el cierre en una laminadora.

El Primer Pliegue en 4

A continuación, se debe dar a la masa un pliegue en 4 o pliegue en libro, como se muestra en las fotos a continuación. Es vital que la mantequilla esté dentro de la masa sin romperse.

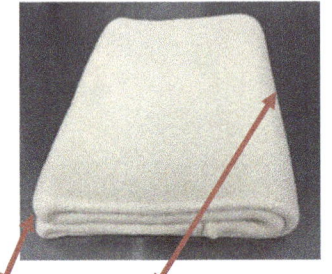

Aquí vemos un pliegue en 4. Fíjese en los extremos **abiertos** y **cerrados** del bloque de masa. Se recomienda tener cuidado durante el plegado, evitando un posible abultamiento en el borde delantero del bloque de masa, que daría como resultado un laminado desigual. La fricción mecánica del proceso de laminado genera calor y aumenta la temperatura de la masa. En esta etapa, se recomienda que la masa se gire 90 ° con la unión cerrada o la doblez hacia el cocinero y se reduzca a un grosor de 12 mm en la laminadora de masa, se envuelva en plástico y se coloque en un congelador a -18 ° C durante 20 minutos. La rotación de 90 ° de la masa asegura que la masa se estire en cada dirección de manera uniforme durante todo el proceso (NIIR Board of Consultants and Engineers, 2014), lo que elimina la contracción en las etapas finales de fermentación y horneado. Reducir la masa a un espesor de 12 mm a 15 mm permite que la temperatura se reduzca rápidamente en el centro de la masa cuando lo metemos en el congelador, controlando la fermentación hasta la etapa de fermentación. Asegúrese de cortar el doblez de la masa (página 62) para aliviar la tensión de retroceso elástico de la masa cuando la lamina pase a la siguiente etapa. Como la masa en el cierre tenía inicialmente tres capas o **3**, se laminó y se dobló en pliegue en 4. Uno se imaginaría que 3 × 4 equivale a 12 capas; sin embargo, como hay puntos de contacto de la masa en el proceso de doblado, PCM, se resta una capa en cada punto de contacto. Bajo compresión, se fusiona para formar una sola capa de masa mientras que la capa de mantequilla permanece sin cambios. En el caso de un pliegue en 4, tenemos tres puntos de contacto de la masa, con un número total de 9 capas de masa y mantequilla. La masa fría se saca del congelador después de 40 minutos para la siguiente etapa.

El Segundo y Pliegue Final en el Sistema 3-4-4

Una vez más, es fundamental rotar la masa 90 ° para que quede frente a la unión o doblez de cara al cocinero. Se cortan los dobleces de la masa (página 62), y luego se reduce el bloque de masa gradualmente de 5 a 10 mm, luego se reduce en incrementos de 2 mm y se lamina a un grosor de 5 mm, dándole un segundo pliegue de libro o pliegue en 4 como se ve en la página anterior. En esta etapa del proceso, la masa contiene 9 × 4 = 36 capas. Sin embargo, como hay tres PCM en un pliegue en 4, como se ve en la página 66, se restan tres capas del total, y la masa terminada ahora tiene un total de 33 capas alternas de masa y mantequilla. Dejarla reposar 40 minutos en el congelador. La masa debe girarse nuevamente 90° con el extremo cerrado mirando hacia el cocinero, laminar hasta un grosor de 12 mm, envolver en plástico y refrigerar en un congelador a -18 ° C durante de 40 a 60 minutos para recuperar el gluten.

El Proceso de Laminado

Recuerda cortar la masa justo antes de laminar y reducir el grosor gradualmente. Ahora está listo para preparar diferentes tipos de *viennoiserie*, como croissant clásico, *pain au chocolat* o *pain aux pasas*, con lo que la masa se debe laminar al grosor requerido para cada receta.

Lección #4. Sistema 3-3-3 / 3

Pros y Contras de la Masa Hecha con Este Sistema:

55 capas, exteriormente menos hojaldrada que los sistemas anteriores, textura interna en forma de panal más pequeño y producto final de buena calidad, la masa será más elástica debido a las capas adicionales, y se encogerá al cortar si no descansa bien antes de la laminación. Se tarda más en hacer debido a las capas adicionales y al tiempo de reposo adicional requerido en el proceso.

Cierre en 3

El proceso de cierre es como los sistemas anteriores ya descritos. He incluido notas adicionales para el uso de distintos tipos de mantequilla de color o saborizados. La segunda foto a continuación tiene mantequilla de chocolate, mantequilla hecha con de 10 a 15% de cacao en polvo, y la mantequilla debe estar completamente dentro de la masa para mantener la laminadora limpia.

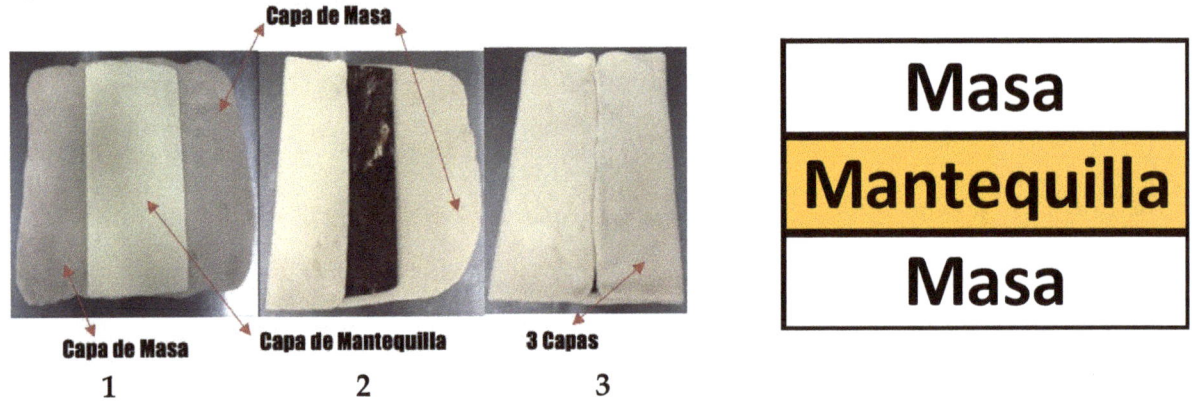

El sistema **3**-3-3 o 3 comienza formando un rectángulo con la masa enfriada. El rectángulo de masa se coloca sobre la mesa en formato horizontal. El bloque de mantequilla preparado y enfriado previamente se coloca en el medio de la masa. Imagínese, por ejemplo, la bandera irlandesa, con el rectángulo de masa en horizontal. El bloque de mantequilla se coloca en el medio del rectángulo de masa. A continuación, la masa se dobla sobre la mantequilla hacia el centro. Los dos bordes de la masa se presionan juntos en el centro, como se muestra a continuación. Ahora hay 2 capas de masa y 1 capa de mantequilla: 3 capas en total.

El Cierre en 3 Usando Mantequilla de Color

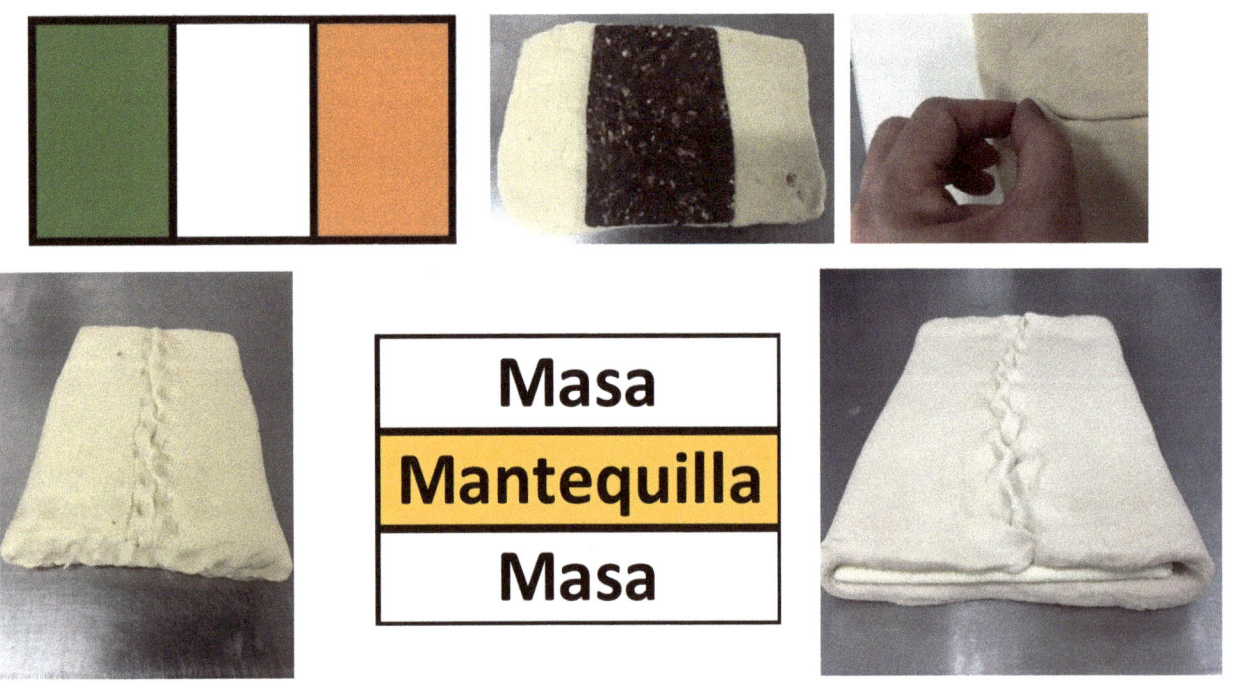

Nota: En las fotos anteriores, los extremos están sellados en la masa de la izquierda, ya que la mantequilla de chocolate está dentro. Sellar la mantequilla completamente dentro de la masa evita que se ensucien las correas de la laminadora con la mantequilla de chocolate. Si prepara una masa de croissant simple, los extremos no deben sellarse como en la imagen de la parte derecha. También, los lados se pueden cortar con un cuchillo afilado o una rueda de pizza y que queden a la vista, conocido como Método Sándwich (ver más abajo), asegurándose de que no haya grandes masas de masa en el producto final y que la mantequilla se reparta uniformemente entre las capas formadas.

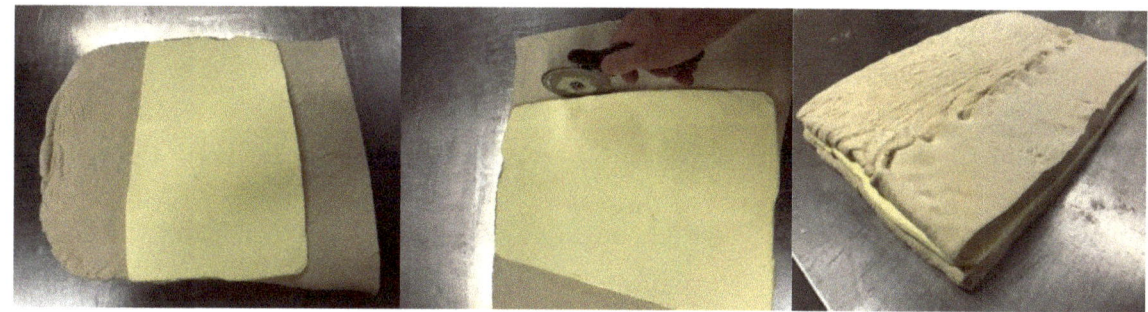

El Cierre y Primer Pliegue en 3 (3-3)

El bloque de masa tiene la mantequilla a la vista por todos los lados. La masa se dobla en un rectángulo de 4 mm de grosor y se le da un plegado triple, o **3**. La masa ahora tiene 3 × 3 = 9 capas (-2 PCM) o 7 capas de masa y mantequilla.

El Segundo Pliegue en 3 (3-3-3)

La masa se lamina por segunda vez a 5 mm dándole un pliegue triple o 3. La masa doblada ahora tiene 3 × 7 = 21 capas (-2 PCM): 19 capas. El bloque de masa se debe plegar hasta 12 a 15 mm de grosor. Envolver en plástico y dejarlo reposar en el congelador durante 30 a 60 minutos, o use mantas de hielo durante 30 a 45 minutos.

El Tercer y Pliegue en 3 Final (3-3-3 / 3)

A continuación, sacar la masa del congelador, laminar a 5 mm en un rectángulo largo y plegarlo en 3. Laminar el bloque de 12 a 15 mm. La masa ahora tiene 3 × 19 capas = 57 (-2 PCM) = 55 capas. El grosor de 12 a 15 mm del bloque de masa permite conseguir rápidamente una temperatura del núcleo baja en el congelador. La masa ahora puede procesarse o reservarse en el congelador hasta dos semanas a -18 °C en esta etapa. Envuélvala en plástico y congele a dicha temperatura. Cuando sea necesario, retire el bloque de masa congelada y colóquelo en el refrigerador a 3 °C 4 °C la noche antes de que se vaya a usar. A la mañana siguiente, lamine la masa, córtela, ferméntela y hornéela. Si procesa la masa de inmediato, lamine la masa a 3,5–4 mm y déjela reposar en el congelador durante 10 a 15 minutos, a 2 °C– 5 °C, para evitar que la masa encoja. Prepare la receta deseada: croissant, *pain au chocolat* o lo que desee. **Consejo**: Verá que tiene mucho más control sobre la forma de la masa cuando está bien fría, y la masa no se deformará tan fácilmente cuando se manipula a una temperatura fría. Si procesa mucha masa a la vez, reserve la mitad en el refrigerador o congelador mientras trabaja la otra mitad.

Descripción del Sistema 3-3-3-3, Cierre, Laminado y Primer Pliegue en 3

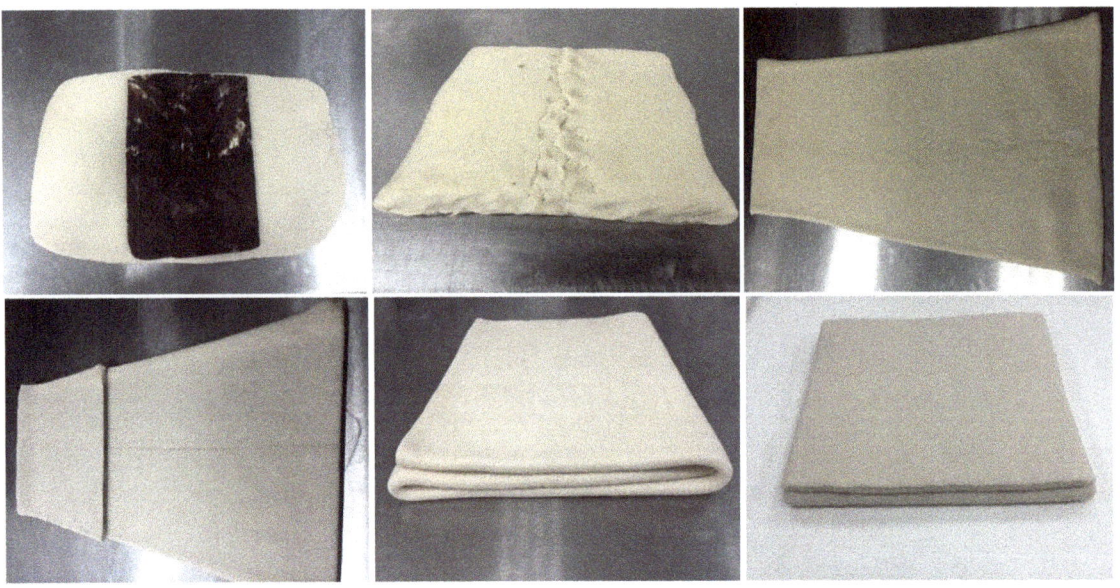

Repase el cierre y el primer pliegue en 3. Hay muchas combinaciones de pliegues de la masa. Anteriormente he descrito cuatro sistemas en páginas anteriores, tres de tres pliegues (el cierre es el primer pliegue) **3**-4-3; **3**-4-4 y **5**-4-3, y uno con cuatro pliegues **3**-3-3-3. A continuación, veremos una descripción general de ellos y mencionaré otros sistemas. El número de cierre siempre será el primer número. El grosor óptimo por capa es de 0,08 a 0,10 mm. Aplicando esta fórmula a las secuencias de capas siguientes, el grosor del laminado se puede calcular usando un grosor de 0,08 mm por capa.

Series de Capas en el Cierre en 5

Sistema de Laminado	Capas	Grosor de Laminado (Capas x 0,08mm)	Tipo de Producto
5-4-4	65	5.20 mm	Pieza individual cortada
5-5-3	61	4.88 mm	Croissant grande
5-3-4	49	3.92 mm	Croissant mediano / grande
5-4-3	49	3.92 mm	Croissant grande >120 g
5-3-3	37	2.96 mm	*Pain au chocolat* o napolitana
5-5-2	41	3.28 mm	Croissant mediano

Series de Capas en el Cierre en 3

Sistema de Laminado	Capas	Grosor de Laminado (Capas x 0,08mm)	Tipo de Producto
3-3-3-3	55	4.40 mm	Croissant grande
3-5-4	41	3.28 mm	Croissant mediano
3-4-5	41	3.28 mm	Croissant mediano
3-4-4	33	2.64 mm	*Pain au chocolat* o napolitana
3-4-3	25	2.00 mm	Hojaldre grande
3-3-4	25	2.00 mm	Masa doble de 49 capas
3-3-3	19	1.52 mm	Capa exterior para masa doble
3-4-2	18	1.44 mm	Opción de laminado twin: 2 × 17 34 capas (-1 PCM) = 33 capas

Resumen de Puntos Principales en el Proceso de Laminado 3-3-3 / -3

- Hacer un cierre en **3** de la mantequilla. Laminar a un grosor de 4 mm.
- Primer pliegue en 3 (3 capas) de la masa, identificado por el segundo 3 de la secuencia.
- Segundo pliegue en 3 (3 capas) justo después del primero; girar el bloque de masa 90° para tener la unión en un lateral. Laminar a 5 mm, plegar y volver a laminar a 12 mm, envolver en plástico, reservar en el congelador.
- Tercer pliegue en 3 (3 capas), laminar a 5 mm, girar el bloque de masa 90° para tener la unión enfrente.
- La masa ya está finalizada y debemos dejarla reposar del laminado un poco de tiempo.
- Laminar de 12 mm a 15 mm, envolver en plástico, colocar en el congelador o entre mantas de hielo.

- Cuando haya reposado, laminar la masa entre 3,5 a 4 mm y enfriar de nuevo antes de cortar durante 5 a 10 minutos en el congelador.
- Idealmente, deje reposar la masa terminada durante 40 a 60 minutos en el congelador a menos 18 °C antes del laminado final.

Llevando la Cuenta del Número de Pliegues Hechos en la Masa

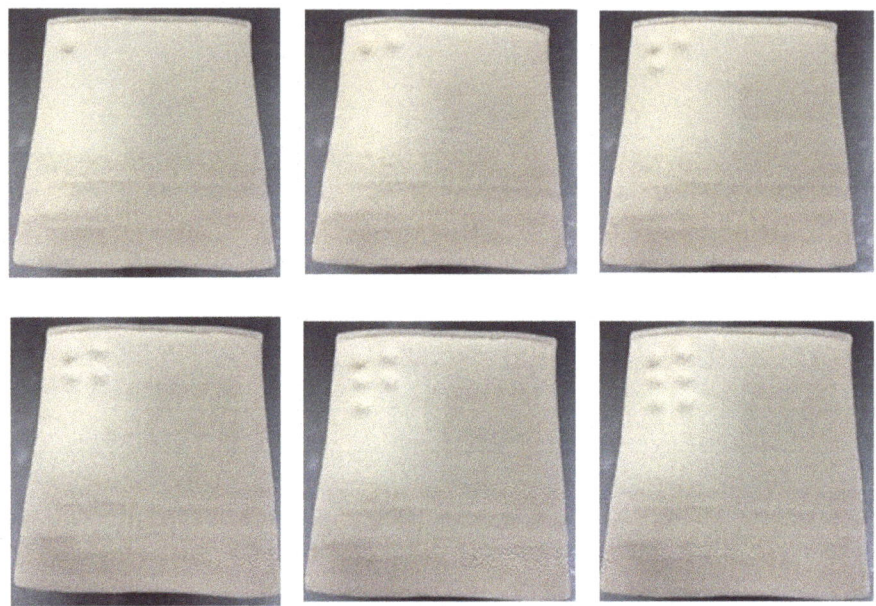

Una simple marca hecha con el dedo en cada pliegue de la masa le recordará en qué etapa se encuentra en la producción de la masa de masa. Este sistema también funciona bien si hay más de una persona en la cocina haciendo la masa juntos, en una línea de producción, por ejemplo. La ilustración de arriba se hizo dando seis vueltas a la masa de hojaldre.

Sistemas de Capas Recomendados para Diferentes Tamaños y Pesos

Croissant: 5-4-3, 3-4-3 o 3-3-3-3; **Napolitana:** 3-4-4

A más capas, más apretada quedará la masa. A menor número de capas, más hojaldrada será. Recuerde, la levadura elevará la masa en el horno. Los productos de mayor tamaño requieren una mayor cantidad de capas para soportar el aumento de masa.

Procesando la Masa: Preparando Croissants

El cálculo del grosor final del laminado de la masa se puede decidir de antemano teniendo en cuenta el grosor óptimo de 0,08 mm por cada capa durante la elaboración de la masa. Contando el número de capas totales formadas al crear la masa, por ejemplo, las 49 capas formadas en el sistema **5**-4-3; o las 55 capas formadas en el sistema **3**-3-3-3.

0,08 mm × 49 (capas del sistema **5**-4-3)   =   Laminar a un grosor de 3,92 mm

0,08 mm × 55 (capas del sistema 3-3-3-3) =   Laminar a un grosor de 4,40 mm

- Laminar entre de 3,5 mm a 4,4 mm o lo que requiera la receta.
- Cortar la masa en triángulos como en las fotos a continuación con un cuchillo de tipo francés grande, o simplemente doble el extremo un poco más fino para alargar la base del triángulo de los croissant en el congelador durante de 10 a 15 minutos para detener la fermentación y evitar que encoja.
- Hacer una incisión en el medio de la base del triángulo de 1,5 cm.
- Cada pieza debe pesar entre 65 g a 75 g.
- Los croissants deben estirarse ligeramente para que tomen la forma de Torre Eiffel.
- También se pueden usar un rodillo pequeño para hacer más ancha la base.
- Use el rodillo suavemente, no demasiado firme, comenzando por la parte inferior con un movimiento hacia afuera.
- El croissant debe abrirse libremente si se sujeta por la parte superior y se suelta.
- Es posible que deba enfriarlos una vez que se cortan si parecen estar encogiéndose.
- Si este es el caso, enfríelos de 15 a 20 minutos en el congelador a -18 °C.

Tabla y Guía para el Corte de Croissants y Napolitanas

Todas las medidas son una decisión personal. Algunos prefieren trabajar con triángulos muy largos. A otros les gustan menos vueltas en su croissant. La tabla siguiente ayudará a producir una variedad de productos de diversos tamaños, grandes y pequeños, para desayunos buffet. Todas las medidas son orientativas. Las longitudes se pueden aumentar según necesidad o preferencia personal. La proporción del triángulo de croissant es de 1:3; la de rectángulo de napolitana de 1:1,5. Vea las proporciones de dimensiones y corte para croissant y napolitanas a continuación para asegurarse de cortar la masa en los tamaños correctos.

Medidas para Croissant		Proporción triangular 1 : 3	
	Ancho cm	Largo cm	Grosor mm
Grande	10	30	3,5 - 4
	9	27	3,5 - 4
Mediano	8	24	3,5 - 4
Mediano	7	21	3,5 - 4
	6	18	3,5 - 4
Pequeño	5	15	3,5 - 4
Medidas para Napolitana		Proporción rectangular 1 : 1,5	
	Ancho cm	Largo cm	Grosor mm
Grande	10	15	3,5 - 4
	9	13,5	3,5 - 4
Mediano	8	12	3,5 - 4
Mediano	7	10,5	3,5 - 4
	6	9	3,5 - 4
Pequeño	5	7,5	3,5 - 4

Barniz de Huevo y Fermentación

Receta del Barniz de Huevo

Dos huevos

Una yema de huevo

Una pizca de sal

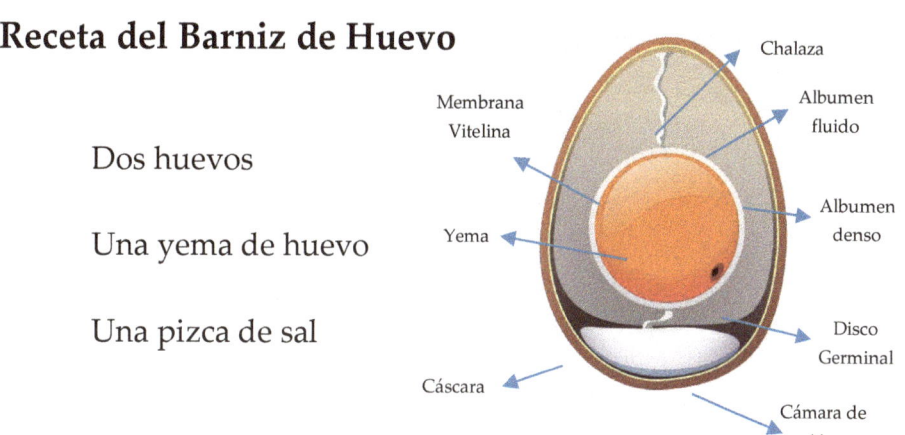

Fuente: Freepik.com

> Añadir sal al barniz de huevo ayuda a diluir las chalazas, que mantienen la yema en su lugar en el huevo; dando una mezcla más homogénea y un barnizado uniforme sin grumos.

- Fermentación a 26 °C–27 °C con una humedad relativa de 75% a 80%. Es importante no fermentar a temperaturas más altas ya que las capas de mantequilla se derretirán y la masa se estropeará si la temperatura supera los 28 °C.

- El tiempo de fermentación siempre dependerá de la temperatura, la cantidad de levadura y la humedad.

- Tiempo de fermentado de 1,5 a 2 horas. Sabrá que la fermentación es correcta cuando las capas comiencen a separarse visualmente. Además, haga la "Prueba de bamboleo" agitando la bandeja suavemente, los croissants terminados deben oscilar como gelatina.

- Cuando barnice la masa con huevo, use una brocha muy suave para aplicar el huevo, teniendo cuidado de no desinflar la masa al pintar.

- Tenga cuidado de no pintar los bordes cortados de la masa con huevo, lo que reduciría su volumen final.

Temperatura de Horneado. Factores a Considerar

- Mantener el horno a una temperatura de trabajo correcta es fundamental.

- El tipo de horno ideal para panadería es el horno de convección (horno con ventilador). Sin embargo, usar un horno industrial requiere un ajuste de temperatura de horneado ligeramente más caliente, a 200 °C con un ajuste de temperatura a 6 en la parte superior, 6 en la parte inferior y 6 en la puerta. El horno debe estar de 10 °C a 20 °C más caliente antes de introducir la masa, y la temperatura debe restablecerse después de llenar el horno con el producto y las bandejas.

- El horno de convección se debe configurar a 220 °C para permitir una bajada de temperatura de unos 50 °C durante la carga del horno antes de hornear.
- Después de cargar el horno de convección, baje la temperatura a entre 170 °C –175 °C según el tipo de horno y el tamaño de la masa, ya que cada horno tiene sus características propias. La masa debe barnizarse con huevo y dejar reposar durante 10 minutos para permitir que el huevo penetre, luego hornear durante de 14 a 20 minutos. Se puede agregar un poco de vapor al horno después de la carga, pero no es esencial.

Después del Horneado – Cómo Manipular el Producto

- Permita que el producto se enfríe un poco en la bandeja antes de manipularlos.
- Colóquelos en una bandeja de rejilla para permitir que el aire circule en el fondo para que no se mojen.
- Cuando estén fríos, no apile los bollos uno encima del otro.
- Almacenar en recipientes herméticos si no están en el expositor, para extender su vida útil.

Sección 2
Recetas y Técnicas

1. Croissant de Almendras de Horneado Doble

Para hacer estos deliciosos croissants de doble horneado, siga la receta siguiente:

2. Receta de Crema de Almendras

Los excedentes de croissants que quizá no se hayan vendido o consumido se pueden convertir en croissants de almendras, siendo una excelente manera de aprovechar las sobras. Batir la mantequilla y el azúcar con las almendras y la harina hasta que quede esponjoso, añadir el huevo tres veces. Cortamos por la mitad los croissants sobrantes que usaremos para la receta, la miga se moja con sirope de ron, se unta con crema de almendras y la parte superior se barniza con más crema de almendras. Luego se colocan láminas de almendras en la parte superior. Los croissants de almendras se hornean durante 15 a 20 minutos a 180 °C, se dejan enfriar y se espolvorean con azúcar glas. Si se espolvorea cuando aún está caliente, el azúcar glas se volverá amarillo y perderá vistosidad.

500 g	Mantequilla
70 g	Harina de repostería
450 g	Huevos
500 g	Azúcar fina
500 g	Almendra molida
20 g	Esencia de almendra

Ingredientes y Pasos para la Crema de Almendra

Batir la mantequilla, la harina, el azúcar y las almendras hasta que quede esponjoso. Añadir el huevo y la esencia de almendra en tres veces.

3. Receta de Sirope de Ron

100 g de azúcar y 100 g de agua. Hervir, dejar enfriar. Luego añadir 10 g de ron rojo. Usarlo para mojar la miga de croissant. Conservar en el frigorífico cuando no se vaya a usar.

4. Croissant Doble Laminado y Masa para Croissant de Chocolate

La bollería me ha fascinado desde que era niño. Tenía un deseo y una curiosidad insaciables de saber más y más. Mi querido padre y mentor Anthony Griffin, DEP, me introdujo en el arte del laminado y me enseñó los principios de la bollería cuando era joven. Nunca se daría cuenta del efecto que su pasión y el trabajo en nuestra pequeña panadería familiar en Galway, Irlanda, tendrían en mi vida y carrera como panadero. Sabía que necesitaba tiempo para abstraerme en un entorno fuera del trabajo para concentrarme en mi creatividad. En 2016, sucedió. Mordí el anzuelo. Decidí inscribirme como estudiante en el programa de nivel 9, Máster de un año de duración en el Instituto de Tecnología de Dublín, ahora llamado Universidad Tecnológica de Dublín. El Máster fue en Desarrollo de Productos Alimenticios e Innovación Culinaria en la Escuela de Artes Culinarias y Tecnología de Alimentos. Uno de los muchos módulos que tuve que completar fue el desarrollo de un producto totalmente nuevo con potencial de mercado, algo nunca antes hecho. Entonces, se me ocurrió la idea de una masa laminada doble.

Siempre he sido gran admirador del panadero de renombre mundial David Bedu, el creador del icónico croissant bicolor. Ambos coincidimos como miembros del jurado en Casablanca en la African Bakery Cup 2019. Llevé su creación un paso más allá. Su repostería icónica era un bloque de croissant con una parte superior de brioche de chocolate. Decidí llevar a cabo mi investigación para desarrollar una masa laminada doble: masa de chocolate combinada con una masa de croissant simple. Mi elección del proyecto fue porque, si bien me encantaba el aspecto y el aspecto del croissant bicolor, descubrí que la capa exterior de brioche de chocolate que se usaba en la producción del croissant bicolor hacía que la masa fuera menos hojaldrada. Para mí, cuanto más hojaldrado es el producto, más lo disfruto. Si no veo hojaldre en todo mi plato mientras lo estoy comiendo, no estoy completamente satisfecho, ya que me encanta la sensación crujiente en mi boca y la textura única de un producto laminado bien hecho. Decidí investigar tratando de hacer un masa de chocolate laminada y fusionarla con masa de croissant estándar, unir las capas, duplicar el disfrute... ¡y el lío de hojaldre sobre el plato! Esa fue mi inspiración y visión para probar a elaborar bollería laminada doble, que luego use en las prácticas de mi Máster en productos innovadores. Empleé cierto tiempo para experimentar y probé más de cien combinaciones de laminado. Aprendí mucho en los estudios y me gradué en el Máster con honores. También gané el premio Stafford Lynch como estudiante del año 2016 con las calificaciones académicas más altas.

5. Preparación de Mantequilla con Sabor a Chocolate Para el Doble Laminado

Las diferencias entre la masa doble laminada y la masa bicolor son la preparación de dos bloques de masa laminada diferentes, fusionarlos y luego procesados como un único bloque de masa. La mantequilla de chocolate se prepara mezclando el cacao y la mantequilla lentamente en una mezcladora de cocina. La mantequilla y el cacao en polvo se mezclan hasta formar mantequilla de chocolate. Luego, la mantequilla se convierte en un bloque de mantequilla y se enfría a 3 °C antes del laminado.

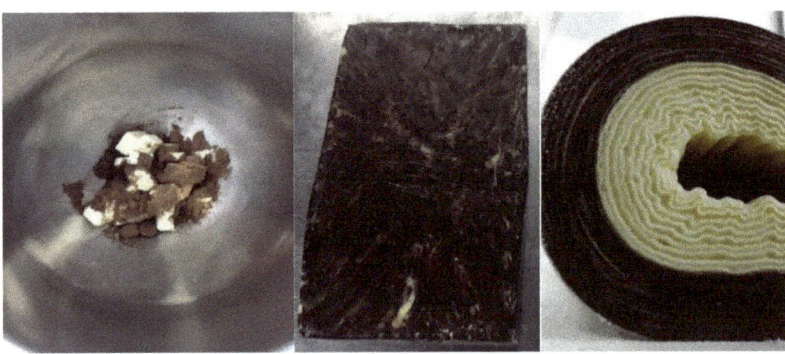

6. Recetas de Croissant Básicas

La receta de croissant básica de la página 54 hará que haga con éxito la masa laminada más deliciosa. Se pueden hacer muchas variaciones cambiando los sabores de la mantequilla con cacao en polvo, café instantáneo, frambuesa en polvo, fresa en polvo, cáscara de naranja, de limón y algas. Doble la masa de la receta y prepare dos tipos diferentes de mantequilla…, hay infinitas opciones, pero les muestro mis propias creaciones.

7. Masa Laminada Doble con Espelta o Harina de Fuerza

Paso 1: Haga dos tipos diferentes de laminado clásico a partir de una única masa

- ➢ Masa para croissant – donde se añade la mantequilla y se lamina la masa
- ➢ Masa para croissant de chocolate – se añade mantequilla de chocolate y se lamina

Paso 2: 45 minutos de fermentación a temperatura ambiente, seguido por fermentación durante la noche en un refrigerador a 3 °C

Paso 3: Laminado de la mantequilla con la masa de espelta usando varias técnicas y secuencias de laminado

Paso 4: Proceso de laminado de la mantequilla de chocolate en la masa de croissant de espelta usando varias técnicas y secuencias de laminado

Paso 4. Unir los dos tipos de masa juntos

Paso 5. Laminar, cortar y formar las piezas individuales

Paso 6: Fermentación durante 90 a 120 minutos entre 25 °C- 27 °C y 75 – 80% HR

Paso 7: Horneado a entre 170°C–175 °C durante 15-20 minutos (horno de rejilla); 200 °C (horno de piso o industrial).

Proceso

Retire la masa de croissant del refrigerador y siga los pasos que se indican en el cuadro siguiente, añadiendo la mantequilla de chocolate a una de las masas en el paso 1. Siga las instrucciones del paso 5 (en paso #3) de la página 84. Ambas masas requieren números de laminado similares para conseguir las cantidades de capas deseadas.

Paso 1 - Masa #1 - Masa Simple con Mantequilla 3-3-3

Masa de Chocolate	Pasos	Instrucciones para sistema de laminado 3-3-3 – 19 capas
Laminado: Pasos	Paso 1	Haga un cierre en 3 con la mantequilla de chocolate a un grosor de 5–6 mm
	Paso 2	Gire la masa y haga un pliegue en 3 laminado a 7–8 mm
	Paso 3	Gire la masa y haga un pliegue en 3 a un grosor de 12 mm, congelar 30 min
	Paso 4	Unir y colocar sobre el laminado masa de croissant

Paso 2 - Masa #2 - Masa Simple con Mantequilla de Chocolate 3-3-3

Masa Simple	Pasos	Instrucciones para el sistema de laminado 3-3-3 – 19 capas
Laminado: Pasos	Paso 1	Haga un cierre en 3 de mantequilla, laminar a un grosor de 5 mm
	Paso 2	Cierre en libro (3) laminado a 7–8 mm
	Paso 3	Gire la masa y pliegue en 3, laminar a 7–8 mm, - congelar 30 min.
	Paso 4	Unir la masa y colocar bajo del laminado, masa de chocolate para croissant

Paso #3 – Mezclar el Chocolate y la Masa Siguiendo Estos Pasos

Detalles del Laminado:	Pasos	Instrucciones:
Laminado de la masa:	Paso 5	Humedecer la masa con agua, usando una botella de spray Colocar la masa de chocolate sobre la masa simple, laminar
Grosor:		Laminar la masa a 3,5–4,2 mm – enfriar en congelador durante 20–30 min
Forma:	Paso 6 Fermentación Paso 7: Horneado	Marcar con separadores y cortar con un cuchillo francés Triángulos de 10 x 30 cm - Croissant Rectángulos de 8 x 14 cm - Napolitana
Tiempo de fermentación:	90 – 120 min	Máximo de 27,5°C a 85% de Humedad. Barnizar con huevo antes de hornear
Temperatura de horneado:	185°-200°C	
Tiempo de horneado:	15-18 min.	

Mezclar la Masa Normal o de Espelta para Croissant #1

Paso	Ingredientes	Kg/g	Proceso
1	Harina de Espelta	1010	Mezclar la harina y la sal en una batidora Hobart de 10 qt.
	Sal	20	Utilizar el accesorio de gancho para masa
	Cubos de mantequilla	32	Añadir la mantequilla
2	Leche fresca	258	Diluir la levadura, la leche en polvo y el azúcar en el agua/leche.
	Agua	258	Use un batidor de mano para mezclar y agregar todo al paso 1.
	Azúcar	121	Mezclar la masa 4 minutos a velocidad lenta y 5 minutos a
	Leche en polvo	26	velocidad 2.
	Levadura	66	Mezcle los ingredientes hasta obtener una masa firme.
	Malta	2	Envolver con plástico.
	Total:	1793	Fermentar a temperatura ambiente 45 min.
			Reservar en el refrigerador durante la noche a 3°C.
3	Mantequilla 84%	500	Preparar mantequilla para el laminado.
			https://www.youtube.com/watch?v=Cj0gEXtXexw&t=7s
	Total:	2293	

Mezclar la Masa Normal o de Espelta para Croissant y la Mantequilla de Chocolate #2

Paso	Ingredientes	Kg/g	Proceso
1	Harina de Espelta	1010	Mezclar la harina y la sal en una batidora Hobart de 10 qt.
	Sal	20	Utilizar el accesorio de gancho para masa
	Cubos de mantequilla	32	Añadir la mantequilla
2	Leche fresca	258	Diluir la levadura, la leche en polvo y el azúcar en el agua/leche.
	Agua	258	Use un batidor de mano para mezclar y agregar todo al paso 1.
	Azúcar	121	Mezclar la masa 4 minutos a velocidad lenta y 5 minutos a
	Leche en polvo	26	velocidad 2.
	Levadura	66	Mezcle los ingredientes hasta obtener una masa firme.
	Malta	2	Envolver con plástico.
	Total:	1793	Fermentar a temperatura ambiente 45 min.
			Reservar en el refrigerador durante la noche a 3°C.
3	Mantequilla 84%	500	Preparar mantequilla para el laminado.
	Cacao	75	https://www.youtube.com/watch?v=Cj0gEXtXexw&t=7s
	Total:	2368	

Ejemplos de Masa Laminada Doble y Preparación

Al usar dos tipos diferentes de masa laminada a la vez, el resultado ideal se consigue usando la siguiente combinación de secuencias de laminado para cada masa individual y luego unirlas:

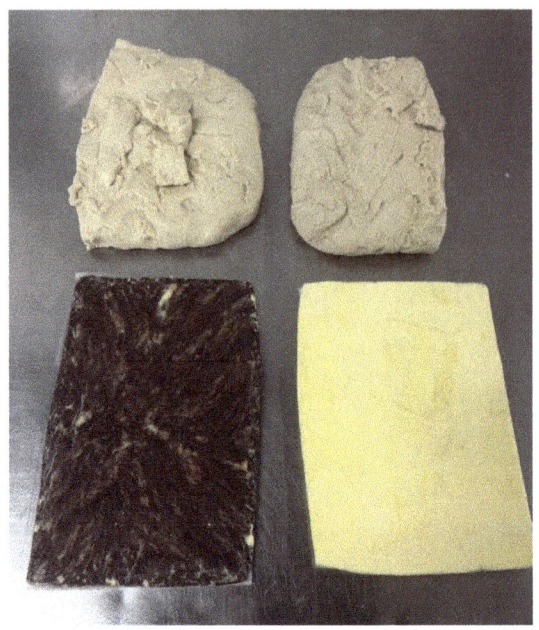

#1 usar la secuencia de laminado 3-3-3 para la masa normal (19 capas)

#2 usar la secuencia de laminado **3**-3-3 para la masa de chocolate (19 capas) 19+19 =38 (-1 PCM), un total de 37 capas. Mi investigación sobre este tipo de producto ha descubierto que las secuencias anteriores resultan en 37 capas y son los métodos más apropiados para todo tipo de masa de doble laminado. Recuerde colocar el chocolate, masa coloreada o aromatizada boca abajo sobre la mesa al cortar, luego, cuando se procese, la masa de color será visible en el exterior de la masa después del procesado.

      1   2   3   4

Las masas laminadas deben ser rociadas o barnizadas con un poco de agua para que la superficie quede pegajosa; luego ambas se amasan con un rodillo para formar un bloque de masa. Deben enrollarse juntos de manera cuidadosa para asegurar la correcta unión antes de laminar. A continuación, la masa se puede laminar y cortar en varias formas, y se pueden agregar rellenos a su antojo, como barras de chocolate y/o cáscara de naranja confitada. Las siguientes imágenes muestra la masa marcada y cortada, enrollada, con la adición de cáscara de naranja, una vez dada la forma y fermentada.

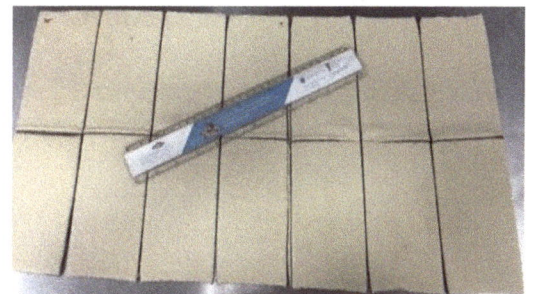 

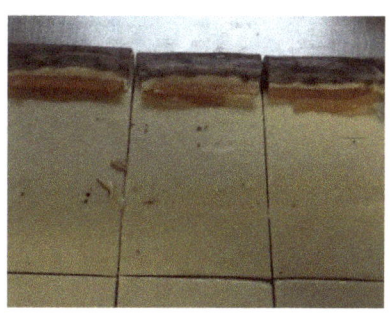

Para asegurarnos de que la masa esté completamente fermentada antes de hornear, hay algunas

pistas que nos indican cuándo está lista. La primera es cuando aparecen espacios de aire entre las capas de masa que atraviesan la masa desde el exterior hasta el centro. Recuerde que el centro de la masa es donde el calor de la fermentación tarda más en llegar. Si no se fermenta correctamente, la masa tendrá un centro denso y gomoso. La *viennoiserie* fermenta desde el exterior hacia el centro. La bollería enrollada, como el croissant y la napolitana, tardarán al menos 2 horas en fermentarse en condiciones normales (26 °C a 27 °C). Los productos más planos, como la caracola, los rollos de canela o aquellos que se corten, como los pasteles de frambuesa y pera, se endurecerán más rápido ya que no son ni tan espesos ni altos. Preste especial atención al pliegue más interno, el comienzo de la espiral de napolitana en el centro. Si hay una buena separación como se ve en la foto de la página anterior y no es pastoso en el centro, está listo.

La "prueba del bamboleo" es la otra pista, cuando se mueve suavemente la bandeja, la masa tiembla como si fuera gelatina. Adjunto un enlace en YouTube donde se puede ver esta prueba. Haga clic en el enlace - http://youtu.be/czyabhubp1k Prueba de Bamboleo de una Napolitana (Griffin, 2016).

Las fotos superiores son ejemplos de laminado de chocolate y masa de espelta. Puedes ver un "time-lapse" (cámara rápida) en un video de YouTube que muestra algunos de los productos anteriores siendo horneados. Time-lapse: horneado de chocolate (Griffin, 2016).

Haz click en el enlace para ver el vídeo http://youtu.be/-yvqngzw3gs

8. Napolitana de Doble Chocolate

La masa laminada de doble chocolate es una masa estilo napolitana en espiral hecha con dos tipos de masa de croissant laminado, masa de chocolate y mantequilla simple. Cada masa se prepara por separado y luego se une con un grosor de 3,5 mm, se corta a 8 cm de ancho y 12 cm de largo. Se introducen dos barras de chocolate dentro de la masa, como es típico en la napolitana, y la masa se puede espolvorear con cacao oscuro o azúcar glas después de enfriar. Para hacer una masa aún más crujiente, esta generalmente se marca o corta varias veces antes de enrollarla. Este marcado o corte crea más área de superficie en la masa. Las capas se abren durante la etapa de fermentado y aumentan el área de superficie del hojaldre.

9. Croissant Bicolor y Napolitana 3-4-4

Mi querido amigo, el maestro panadero francés David Bedu, con sede en Florencia, Italia, fue el creador del "Croissant Bicolor". Me inspiró a mejorar su legendario croissant de una manera diferente y única. El croissant bicolor es la fusión de un bloque de masa de croissant antes de cubrirlo con una lámina de brioche de color.

Existen innumerables variedades de croissants bicolores, que incluyen fresa, frambuesa, café, frambuesa morada o azul, manzana verde, por mencionar solo algunas. Las napolitanas salen preciosas cuando se hacen con masa bicolor, especialmente cuando están decoradas, como se ve en la foto de la derecha.

Para hacer un buen croissant de chocolate bicolor, la masa de croissant blanco se lamina utilizando la secuencia 3-4-4. El brioche de chocolate (elaborado tomando el 25% de la masa del croissant y agregando cacao en polvo, mantequilla, levadura y agua, mezclándolo con una masa de chocolate) se lamina por separado en una proporción de masa 4:1 o 225 g de masa de brioche con chocolate fermentada por kg de masa de croissant. La masa de brioche se colorea mediante añadir cacao en polvo oscuro en una proporción del 10% a la harina en la etapa de mezclado. A continuación, esta masa de chocolate se lamina y se coloca encima de la masa de croissant normal antes del laminado final, y la masa combinada y el brioche se reducen a 3,5 mm pasándola por la laminadora varias veces. En el capítulo Coupe du Monde Chocolatine, hay una receta de masa de chocolate con la masa de croissant que hagamos, y así ahorramos tiempo, al no tener que pesar una masa específica cada vez que hacemos croissant bicolor (receta CDMC página 124).

El diagrama y la foto superiores muestran la fina capa de masa aplicada al bloque de masa para hacer productos bicolores. Otro color popular para croissant bicolor es el rojo. Se pueden hacer muchos productos únicos usando una combinación de masa de croissant bicolor y la adición de rellenos y sabores que complementan el chocolate: como naranja, menta y frambuesa. Al colorear la masa de brioche, recomiendo usar colores en polvo seco o pasta comestible, que deben añadirse al comienzo del mezclado. Los colores en pasta y en polvo conservan la mayor parte de su color después del proceso de horneado. Existen muchos colorantes alimentarios concentrados naturales en el mercado para la elaboración de este tipo de bollería o repostería. La dosis para el total del peso de la masa es usar aproximadamente un 1% de colorante seco concentrado en polvo. El cacao en polvo utilizado para el chocolate bicolor debe ser cacao en polvo holandés no ácido utilizado en dosis del 10 al 15% del peso total de la masa. El cacao en polvo ácido puede hacer que la masa de chocolate se separe y se deshaga, arruinando el aspecto bicolor.

10. Napolitana Bicolor de Chocolate Naranja 5-4-3

La napolitana bicolor de chocolate naranja se elabora con 250 g de brioche de chocolate por 1 kg de masa para croissant. La masa se fusiona con el brioche de chocolate y se lamina entre 3,5 mm y 4 mm. La masa se corta a 15 cm de largo por 8 cm de ancho con el lado del brioche de chocolate boca abajo sobre la mesa. Cada pieza se barniza con un poco de aceite de naranja y se enrollan con dos barras de chocolate y una rodaja de piel de naranja confitada. La masa se fermenta y se hornea, se deja enfriar y se adorna con media rodaja de naranja confitada. Las barras de chocolate caseras se pueden barnizar con aceite de naranja para darle más sabor a la masa. Es una de mis recetas favoritas. La fotografía superior anterior se tomó en Burdeos, Francia, cuando viajé a Foricher Mills. Me recibió mi querido amigo Yann Foricher, quien hace maravillosas harinas. Esta napolitana fue elaborada con harina Foricher Gruau T-45, que da como resultado productos espectaculares. También usé mantequilla francesa Lescure en la masa. Su sabor y volumen fueron increíbles.

11. Croissant Laminado Cruzado y Napolitana

Los pasteles o bollos de dos tonos, tres tonos o cuatro tonos se pueden preparar usando las técnicas anteriores. En el caso de un solo color laminado cruzado, por ejemplo, se hace una masa de croissant de chocolate utilizando mantequilla coloreada y un sistema 3-3-3. Luego, la masa se congela en bloque y, cuando está semidura, se corta en tiras y éstas se colocan boca arriba sobre un bloque de masa de croissant simple enfriado hasta que la masa esté completamente cubierta. Luego se lamina el bloque de masa, nos aseguramos de que las capas en la parte superior del bloque se estiren para alargarlas

y no ensanchar las capas, ya que esto perderá el efecto de laminación cruzada..

Ejemplos de Técnicas de Laminación Cruzada

Este ejemplo de laminación cruzada de la izquierda se realizó con mantequilla de frambuesa. Se añaden 30 g de frambuesa en polvo a 300 g de mantequilla y se baten juntos. A continuación, se saca la mezcla de mantequilla de frambuesa y se crea un bloque de mantequilla. La masa se lamina al sistema 3-4-4, a un grosor de 12 mm y se corta por la mitad. Reservamos una mitad. De la otra mitad cortamos tiras de 10 mm de grosor y las colocamos encima de la otra mitad de la masa en línea recta para lograr el efecto de laminado transversal que se explica en el siguiente punto.

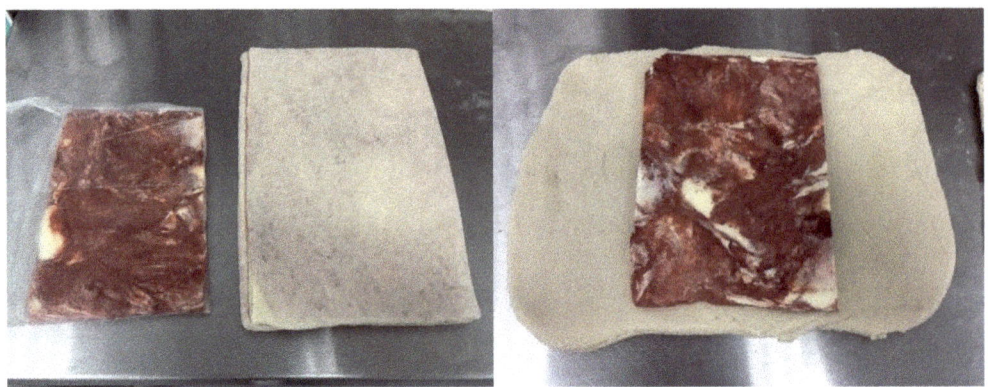

Con un 10% de frutas liofilizadas en polvo, se puede preparar mantequilla aromatizada. Los ejemplos van desde vainilla, cidra, frambuesa, fresa, mora y mango. Todos agregan un color y sabor excepcionales a la masa. Simplemente agregue 10 g de fruta liofilizada en polvo por cada 100 g de mantequilla de laminado en sus recetas. Coloque en una mezcladora con un accesorio batidor, mezcle a velocidad lenta y haga un bloque de mantequilla normal.

La masa de hojaldre coloreada se lamina a **3-4** como masas separadas y luego se unen

Los tres colores se laminan a 15 mm, se cortan por la mitad y se unen. A continuación, la masa se reduce a 12 mm y se deja reposar media hora en el congelador a -18 °C. La masa bicolor o tricolor se puede elaborar utilizando las técnicas mencionadas anteriormente. Los tres bloques de masa se unen en un solo bloque y se congelan a un estado semisólido. Lo cortamos por la mitad, mojamos y apilamos las mitades de la masa congelada una encima de la otra, para formar una única lámina a 12 y la cortamos en tiras de 5 mm de grosor, que se colocan sobre un bloque de masa de croissant boca arriba. A continuación, la masa se lamina en la misma dirección que las capas cortadas; teniendo cuidado solo de alargar las capas superiores y no ensancharlas al cubrir la masa. La masa se debe enrollar en la dirección de la flecha negra superior, en la dirección y con el flujo de las capas cortadas, como se ve arriba; de lo contrario, las capas se ensancharán en lugar de alargarse. El efecto de laminado cruzado se perderá si no se tiene cuidado.

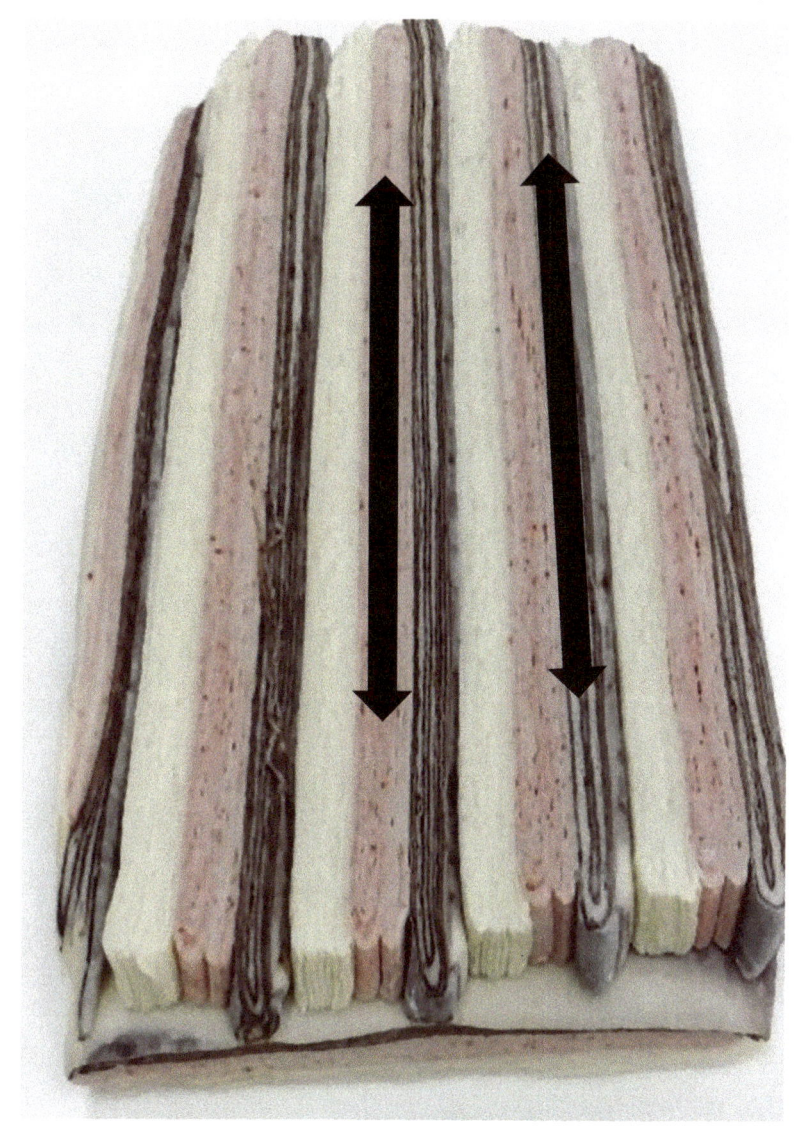

12. Napolitana Laminada Doble de Chocolate con Naranja

Inspirado por David Bedu, desarrollé este concepto en 2015/2016, una napolitana de doble laminado durante mi Máster. El croissant de chocolate con naranja es un bollo tipo napolitana elaborado con dos tipos diferentes de masa laminada unidas antes del laminado final. Una masa de croissant simple y una hecha con mantequilla de chocolate. La masa de croissant simple se lamina con el sistema **3-3-3** y la masa de croissant de chocolate se elabora con el sistema de laminado **3-3-3**. Ambas masas se unen y se laminan a 4 mm, resultando 37 capas. La masa se coloca en la mesa de trabajo con el lado del chocolate hacia abajo y luego se corta en rectángulos de 15 cm de largo por 8 cm de ancho. La masa se barniza con un poco de aceite de naranja y se introduce una barra de chocolate. También empleo tiras de piel de naranja confitada para realzar el sabor. Las rodajas de naranja confitada se usan para adornar la masa cuando está fría. Las tiras de naranja se pueden hacer en casa. Hay muchos recursos en línea, como los de Epicurious, con instrucciones paso a paso.

https://www.epicurious.com/recipes/food/views/simple-candied-orange-peel-350798.También, hay rodajas disponibles a la venta en Keylink Ltd en Reino Unido (ver páginas 165 y 166). Las barras de naranja confitada son un relleno diseñado para realzar el sabor del producto. Se agregan antes de hornear para añadir aroma. Son naturales, libre de sulfuros.

13. Croissant Bañado en Sosa Cáustica 3-3-3

Otra variación interesante del croissant es un croissant bañado en sosa cáustica, también llamado *pretzel*. Si se añade algún saborizante, se pueden hacer ajustes a la receta reduciendo los niveles de azúcar en un 80%. La sosa cáustica también se conoce como hidróxido de sodio (NaOH) y en su uso para cocinar, se emplea para producir *pretzels* y *laugengebäck* (bollos de sosa cáustica). Los productos con sosa cáustica son populares en Alemania y en toda Europa. Los croissants con sosa cáustica son otra opción que los panaderos pueden explorar para un producto diferente. El croissant se procesa de la manera habitual, y cuando está fermentado a una 3/4 parte, los croissants se colocan en el congelador o un abatidor durante 10 a 15 minutos hasta que el exterior se congele y el producto se pueda manipular sin que se destroce. Se prepara una solución 1:10 de sosa cáustica reducida alimentaria o NaOH mientras los croissants están en el congelador.

Debemos usar equipo de seguridad adecuado, que incluye gafas de seguridad, delantal de plástico y guantes de goma hasta el codo. Los croissants congelados se sumergen en la sosa cáustica, se dejan escurrir en una bandeja de rejilla antes de colocarlos en las bandejas para hornear forradas con papel para hornear. Los croissants deben espolvorearse con sal de roca o sal gruesa para diferenciarlos de otros productos. Los croissants de sosa cáustica se hornean de forma normal y el proceso de horneado elimina la sosa dañina mediante una reacción química entre el calor del horno y el NaOH. Los croissants de sosa cáustica tienen un color castaño intenso que deja al descubierto las capas más blancas de la masa en contraste con la reacción de Maillard acelerada de la sosa en la parte exterior. Son atractivos a la vista y resultan unos deliciosos canapés salados.

Es muy importante lavar todo el equipo y las bandejas que entren en contacto con la sosa, ya que podría mancha la ropa y resulta corrosiva para el metal. Como la sosa cáustica es un veneno conocido, debe almacenarse en un área segura cuando no se use. Las diluciones utilizadas para hacer *pretzels* o croissant de sosa cáustica también deben guardarse en un área segura en un recipiente claramente marcado como tóxico si se ingiere. Siempre use ropa protectora como un delantal de plástico desechable, guantes y gafas de seguridad cuando manipule sosa cáustica.

14. Laminado Cruzado de Cuatro Colores: Napolitana Navideña

Mientras era miembro del jurado en la Coupe Louis Lesaffre, Shanghai, en noviembre de 2019, recibí mucha inspiraron por parte de todos los equipos internacionales, especialmente del equipo de Japón, que cocinó una impresionante *viennoiserie* de tres colores en forma de diamante. Usé cuatro colores en mi propia interpretación de este magnífico producto. Mi variante se hace coloreando tres masas separadas, rojo, verde, rosa y masa simple, para crear el efecto de color navideño de cuatro colores. Usé un color en polvo estable al horneado utilizado para macarons. La mantequilla no es coloreada. Usé mi receta de la página 54. Dupliqué el volumen de la receta y dividí la masa en dos. La masa sin color se lamina **3**-4-3 y luego se deja reposar en el congelador durante 35 minutos. Luego se divide la segunda parte de la masa en cuatro y se colorea con colorante alimentario. Cada una de las masas coloreadas se lamina **3**-4 y se coloca una encima de la otra, enfriándola durante 30 minutos. Vea las instrucciones de laminado cruzado de las páginas 94 a 96; antes de dividir en dos, uniendo una mitad encima de la otra para obtener el doble de capas. Luego hay que cortar cuidadosamente la masa de cuatro colores en tiras de 5 mm.

Las capas multicolores cortadas se colocan sobre la masa lisa mirando hacia arriba, con cuidado, y cada capa se barniza con un poco de agua para ayudar a que se peguen. A continuación, la masa se lamina, se marca y se corta a la medida deseada.

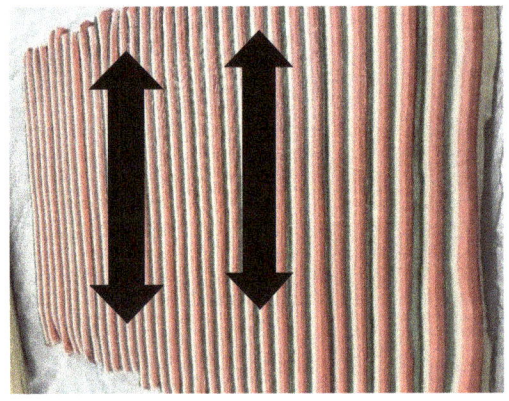 

Yo suelo cortar los croissants a 10 cm de ancho por 30 cm de largo; las napolitanas a 8 cm de ancho por 15 cm de largo. Las flechas de arriba muestran la dirección del correcto laminado cruzada antes del cortado. Laminar a 4 mm de grosor. Se pueden hacer con esta receta napolitanas y croissants rellenos de chocolate, fresa y cereza. He añadido un video en YouTube sobre cómo hacer sus propias barras de chocolate caseras, usando trozos de fresa liofilizados en el chocolate para darle un toque de chispa a la masa. Visita el siguiente enlace para ver el video: barras de chocolate con fresa. https://youtu.be/0wMbMnD5ZxY

Napolitana de cuatro colores con líneas verticales y un croissant sin fermentar con líneas horizontales en las imágenes superiores; detalle de líneas de la masa de hojaldre y una napolitana de líneas horizontales en las imágenes inferiores.

15. Croissant de Algas

Usando algas Noribake, comencé a investigar el uso de algas en productos de bollería y panadería y como suplemento alimenticio en 2015. Comencé mi investigación analizando el consumo de algas en Japón (el más alto, per cápita, en el mundo, país con la menor incidencia de obesidad y cáncer). Mostré nuevos productos horneados usando algas irlandesas a clientes y colegas y traté de analizar cómo las algas podrían integrarse de manera efectiva en la dieta occidental. La dieta y la cultura alimentaria occidental difiere mucho de la asiática. Por lo tanto, se necesitan enfoques diferentes para fomentar una mayor consumo de algas marinas con un alto contenido de yodo natural. La mayoría de los países occidentales consumen pan y productos horneados. Añadir algas secas a la harina o mantequilla al hornear, o en bebidas saludables se considera el modelo más apropiado de lograrlo y, los resultados fueron buenos (Griffin, 2015: ii).

Se pueden añadir algas marinas a la masa para croissant de muchas maneras:

- Como ingrediente a la masa
- En la mantequilla antes del laminado
- Como relleno tras el horneado

He realizado muchas pruebas de horneado usando un producto llamado Noribake (ahora llamado Smart Bake), disponible en tiendas de alimentos saludables en toda Irlanda, o contactando a la compañía a través de su página en Facebook. Las algas secas tendían a quebrar la masa cuando se incorpora directamente, reduce el volumen de los croissants de una manera similar que el pan integral no rinde el mismo volumen que el pan blanco al hornear. Después de muchas pruebas de horneado, los croissants más hermosos y sabrosos se hacen mezclando la mantequilla laminada con las algas un día antes del proceso y usando un sistema 3-4-3 para crear los croissants. La mantequilla de algas y el croissant de algas de las imágenes de esta página fueron fruto de mi investigación en 2014-2015 para mi licenciatura.

Como las algas tienen un sabor fuerte, la cantidad agregada a la mantequilla debe ser 60 g por kg de mantequilla. Las algas secas se mezclan simplemente con la mantequilla en un batidor hasta que se mezclen, luego se hace un bloque de mantequilla de algas para el laminado. La mantequilla de algas debe enfriarse antes de su uso, y los croissants se preparan de la manera habitual. La secuencia de laminado 5-4-3 produce un excelente croissant de algas, delicioso para canapés de mariscos cuando se usa con varios rellenos de mariscos como gambas, carne de cangrejo o salmón ahumado.

16. Croissant Efecto Madera 3-4-3

Los croissants con acabado de efecto madera se elaboran usando un bloque de masa de croissant y dos masas de brioche con levadura, una simple y la otra de chocolate. Las masas se unen hasta un grosor de 3 a 4 mm en una capa rectangular. La masa se pulveriza con un poco de agua, y las dos masas se pegan juntas y se enrollan suavemente con un rodillo para asegurar la correcta unión. Las masas combinadas de chocolate y brioche simple se enrollan juntas en forma de rollo suizo, se envuelven firmemente en papel de cocina y se congelan hasta solidificar.

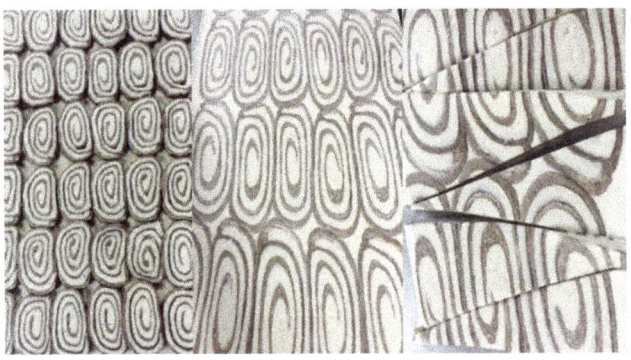

Croissant Efecto Madera Usando Masa de Brioche

Se coloca sobre la mesa un bloque de masa de croissant enfriada, que aún no se ha laminado, y se pulveriza con una suave neblina de agua para que la masa de brioche se adhiera bien. A continuación, se corta con cuidado la masa de brioche congelada en discos de 2 mm a 3 mm de grosor y se colocan encima de la masa de croissant, asegurando una alineación adecuada hasta que todo el bloque de hojaldre esté cubierto. A continuación, el bloque se extiende normalmente para producir croissant o napolitana, como hemos explicado anteriormente.

Siguiendo los procedimientos correctos para croissant y napolitana, los bollos se moldean y fermentan de la manera habitual como ya hemos descrito anteriormente. La única diferencia es que los bollos se horneen en un horno tradicional durante 20 minutos a una temperatura de 200 °C. El horno de convección oscurecería demasiado la masa, y no obtendríamos un efecto de vetas de madera tan efectivo a menos que se hornee a una temperatura mucho más baja, aproximadamente 160 °C.

17. Croissants Pre-fermentados Congelados y *Viennoiserie*

La producción de croissants pre-fermentados congelados y *viennoiserie* es competencia del panadero industrial. Si bien únicamente menciono el tema, el proceso es muy científico, requiere equipos e ingredientes costosos y consume mucha energía en la producción y el almacenamiento. Las recetas de este libro se pueden adaptar para lograr masa pre-fermentada congelada haciendo pequeños ajustes en las recetas y el proceso. La bollería pre-fermentada congelada, por naturaleza, requiere una masa más rígida. Este tipo de hidratación de la bollería congelada requiere reducir al 50% el peso de la harina. En el mercado se encuentran disponibles mejoradores de masa especiales y levaduras para el proceso de congelado. La empresa Lesaffre fabrica un conjunto de productos específicamente para este tipo de producción congelada. La cantidad de mejorador de masa debería ser la recomendada por el fabricante, pero generalmente un 1% del peso de la harina. Un abatidor es un componente esencial en la producción de masa de croissant pre-fermentada congelada debido a la necesidad de reducir rápidamente la temperatura central de la masa. Un enfriamiento rápido congela el agua de la masa, manteniendo los cristales de hielo pequeños y minimizando el daño a la textura del producto y la levadura durante el proceso de congelación.

El proceso de elaboración de esta masa ahorra tiempo, ya que no precisa de fermentación durante la noche, por lo que se debe añadir hasta un 20% de masa madre a la receta para añadir el sabor deseado a la *viennoiserie* hecha así. Sin embargo, se requieren ajustes en la receta para equilibrar todos los ingredientes, incluida la cantidad de mantequilla empleada en la masa final. La masa se procesa inmediatamente con una temperatura ideal de 20 °C. La masa mezclada se fermenta durante 20 minutos, luego se lamina y se enfría en un refrigerador o mantas de hielo durante 30 minutos a 3 o 4 °C. La masa se procesa usando la secuencia **3-4-3** descansando entre cada dos pliegues en el congelador o mantas de hielo. Luego debe reposar nuevamente durante 30 minutos antes de cubrirlo en un congelador o mantas de hielo.

A continuación, la masa se lamina, se corta, se le da forma y se coloca en la cámara de fermentación a 3/4 del nivel de fermentación a una temperatura de 26 °C a 27 °C y una humedad relativa (HR) de 75 a 80%. Así que, si el tiempo normal de fermentación es de 120 minutos, para la pre-fermentación, el tiempo debe reducirse a 90 minutos. La masa debe barnizarse con huevo y congelarse durante 30 minutos a una temperatura de -18 °C a -20 °C. Durante el proceso de congelación, los croissants congelados deben colocarse en una caja de cartón con un revestimiento de plástico y sellarse para evitar que se quemen en el congelador. Los croissants pre-fermentados congelados deben almacenarse a -18 °C hasta que se usen. Los croissants pre-fermentados congelados deben sacarse de sus cajas y luego colocarlos en bandejas para hornear. Dejémoslos reposar a temperatura ambiente durante 10 a 15 minutos para que se descongelen ligeramente. Los croissants u otros productos congelados se pueden hornear a 170 - 180 °C en un horno de convección o 200 °C en un horno industrial durante unos 20 minutos. Tenga en cuenta que los pasteles pre-fermentados y congelados con relleno, como natillas, mermelada, manzana u otros rellenos de frutas, pueden necesitar un mínimo de 30 minutos de descongelado antes de hornear.

Croissant Pre-fermentado Congelado

Ingredientes	1	"1/2"	% del Panadero	% de Hidratación
	Kg / g	Kg / g	1000	50,00
Paso 1: Dejar reposar la masa durante la noche				
Harina de fuerza	1.000	500	100,0 %	
Agua	500	250	50,0 %	
Azúcar	100	50	10,0 %	
Levadura fresca	50	25	5,0 %	
Iniciador de masa madre fresca 50	200	100	20,0 %	
Mejorante de Panificación	10	5	1,0 %	
Sal	18	9	1,8 %	
Leche en polvo	40	20	4,0 %	
Mantequilla	50	25	5,0 %	
Peso del Bloque de Masa	1.968	984	% de Mantequilla en la Masa	% Total de Mantequilla en Ambos Masa y Laminado
Paso 2: Laminado				
Mantequilla para el Laminado	500	250	25,4	30,4
Peso Total	2.468	1.234		
Rendimiento	33	16		
Peso de cada porción (g)	75			

18. Elaboración de Croissants y *Viennoiserie* con Masa Madre

Es posible hacer croissants y *viennoiserie* usando solo masa madre natural, empleando cantidades de hasta el 28% del peso total de la harina y eliminando la levadura de la mezcla. La siguiente receta producirá excelentes croissants cuando fermentamos durante la noche tal como se detalla anteriormente en el libro. Pero este proceso tomará tres días ya que la masa se elabora de la siguiente manera usando el sistema 3-4-3.

Día 1: Alimentar el entrante, déjelo reposar durante 6 horas, luego prepare la masa. Fermentar durante 2-3 horas, enfriar durante la noche a 3 °C.

Día 2: Preparar un bloque de mantequilla con un cierre en **3**, luego lamine con un pliegue en **4**, seguido de un pliegue en **3**. Deje reposar en el refrigerador durante 40 minutos. Dele forma y envuélvalo en plástico a 20 °C –22 °C durante 5 o 6 horas, luego colóquelo en el refrigerador durante la noche a 3 °C (también puede usar el sistema 5-4-3 o cualquier otro que desee).

Día 3: Retirar del refrigerador, barnizar con huevo y dejar reposar durante de 40 minutos a 1 hora. Fermentar hasta que oscilen al moverlos. Tenga en cuenta que la fermentación final podría tomar de 5 a 7 horas adicionales, no es un producto para los impacientes debido a los 3 días requeridos. Hornee los croissants en un horno de convección a 175 °C –180 °C o en un horno industrial a 200 °C.

Aspectos a Tener en Cuenta en la Elaboración de Croissants con Masa Madre

El alto contenido de mantequilla en la receta inhibirá o ralentizará la fermentación de la masa madre natural. La masa madre debe estar muy activa y refrescada al menos dos veces durante 3,5 horas cada vez que se la "alimenta" y dejar que se expanda de 2,5 a 3 veces su tamaño durante 3 horas antes de mezclarla con la masa de croissant. El pH deseado de la masa madre es de 4,1 y debe estar en ese punto cuando se agregue a la masa del croissant. La masa madre no debe ser demasiado ácida, ya que hará que la masa se colapse durante la fermentación. La masa debe mezclarse de la manera indicada anteriormente, sin añadir levadura comercial y dejar fermentar durante de 2 a 3 horas entre 20 °C –22 °C y luego durante la noche en un refrigerador a 3°C –4 °C. A continuación, la masa se puede elaborar normalmente, pero puede tardar hasta tres veces más en fermentarse (entre 5 y 6 horas o más). Vea el enlace de la prueba de balanceo u oscilación de la página 89.

Croissant con 100% de Masa Madre

Ingredientes	1	"1/2"	Usando harina 100% % del Panadero	% de Hidratación
	Kg / g	Kg / g	1000	49,60
Paso 1: Dejar reposar la masa durante la noche				
Harina de fuerza	1.000	500	100,0 %	
Leche	320	160	32,0 %	
Agua	176	88	17,6 %	
Azúcar	126	63	12,6 %	
Iniciador de masa madre fresca 50.	286	143	28,6 %	
Jarabe de malta	2	1	0,2 %	
Sal	16	8	1,6 %	
Mantequilla	50	25	5,0 %	
Peso del Bloque de Masa	1.976	988	% de Mantequilla en la Masa	% Total de Mantequilla en Ambos Masa y Laminado
Paso 2: Laminado				
Mantequilla para el Laminado	550	275	27,8	32,8
Peso Total	2.526	1.263		
Rendimiento	34	17		
Peso de cada porción (g)	75			

19. Masa para Hojaldre Dulce 3-4-4 / 4

Primer cierre en **3**	Primer paso del proceso – 3 capas
Segundo pliegue en **4**	3 × 4 capas = 12 capas -3 (PCM) = 9 capas
Tercer pliegue en **4**	9 × 4 capas = 36 capas -3 (PCM) = 33 capas
Fase de reposo /.	Envolver en plástico, colocar en frigorífico a 3 °C 30 a 40 min.
Cuarto pliegue en **4**	33 × 4 capas = 132 capas -3 (PCM) = 129 capas.

La masa para hojaldre no requiere tanto tiempo como parece cuando la preparamos con mantequilla. Es un producto delicioso con un potencial asombroso. Usando las secuencias numéricas de plegado explicadas anteriormente, la masa para hojaldre se puede elaborar de manera rápida y eficaz. Lo ideal es mezclar la masa el día anterior y reservarla durante la noche en el frigorífico a 3 °C –4 °C. Luego se saca la masa del refrigerador y se coloca el bloque de mantequilla en el centro de la masa. Luego, la masa se dobla con un cierre en **3**. A continuación, se lamina la masa y se le da un pliegue en **4**. A continuación, volvemos a plegar en 4, y en esta etapa, se debe colocar el bloque de masa en el congelador envuelto en plástico durante media hora o entre dos mantas de hielo durante 20 minutos. La masa para hojaldre con mantequilla está al 50% del proceso.

Después de reposar en el congelador, la masa se puede laminar una vez más y se le da su último pliegue en **4**. Luego, la masa debe colocarse en el congelador o entre mantas de hielo durante 45 minutos más y puede usarse o congelarse. Si la masa se va a usar, debemos dejarla reposar durante 1 hora antes de hornear para evitar que encoja o durante la noche en el refrigerador después de laminar y cortar.

Masa para Hojaldre Dulce

Ingredientes	1	"1/2"	Usando Harina 100%	
			% del Panadero	% de Hidratación
	Kg / g	Kg / g	1000	53,00
Paso 1: Dejar reposar la masa durante la noche				
Harina de fuerza	1.000	500	100,0 %	
Agua	460	230	46,0 %	
Huevo	70	35	7,0 %	
Azúcar	20	10	2,0 %	
Mantequilla sin sal	60	30	6,0 %	
Sal	20	10	2,0 %	
Peso del Bloque de Masa	1.630	815	% de Mantequilla en la Masa	% Total de Mantequilla en Ambos Masa y Laminado
Paso 2: Laminado				
Mantequilla para el Laminado	1.000	500	61,3	67,3
Peso Total	2.630	1.315		
Rendimiento		35	18	
Peso de cada porción (g)		75		

Palmeras

Las palmeras se elaboran partiendo de la receta de hojaldre dulce. Son mi debilidad, ya que me trae recuerdos de la infancia cada vez que las cómo. Cuando se hace el hojaldre, se debe espolvorear

abundante cantidad de azúcar sobre la superficie de trabajo y sobre el hojaldre después del tercer pliegue en **4**. También debemos trabajar el azúcar sobre la masa durante esta etapa usando un rodillo o una laminadora. La masa se debe doblar por última vez y volver a laminarse a 4 mm de grosor, con abundantes cantidades de azúcar sobre la masa. Se deja reposar una hora más en el frigorífico antes de su laminado final. La masa de hojaldre con el azúcar añadido debe manipularse con cuidado y laminarse hasta un grosor de 3,5 a 4 cm. Se espolvorea más azúcar sobre toda la masa y se amasa suavemente con un rodillo antes de dar forma a las palmeras.

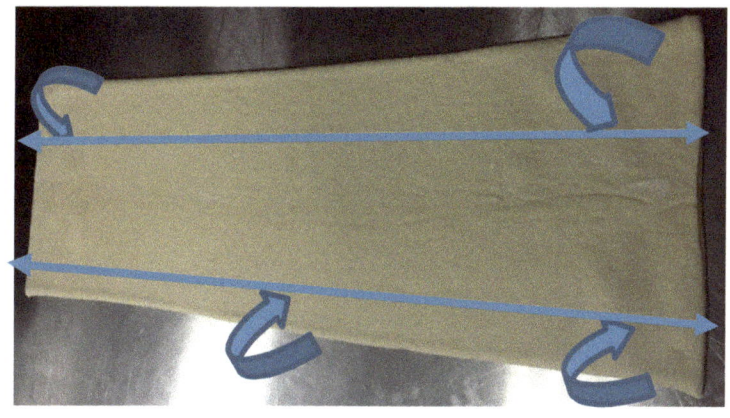

El hojaldre se dobla desde la parte superior y la parte inferior del rectángulo aproximadamente un cuarto hacia el centro. Luego, ambos cuartos se doblan en el centro de la lámina, dejando algo de espacio para el pliegue final. La parte superior se espolvorea nuevamente con azúcar, se dobla una vez más hacia la parte inferior.

La sección transversal de la masa tendrá 6 capas para conseguir una palmera perfecta. La masa debe envolverse en papel de cocina y enfriarse durante media hora antes de cortarla. Las palmeras deben cortarse en tiras de 3 cm de ancho y colocarse con el borde cortado hacia arriba en bandejas, dejando espacio para que la masa se expanda durante la cocción.

Las palmeras se hornean en un horno de piso o industrial a una temperatura de 190 °C– 200 °C durante 20 minutos. Hornear hasta que tengan un color dorado. Después de hornear, debe dejarse enfriar un poco en la bandeja y colocarse en una rejilla para evitar que la base se moje. Se pueden vender individualmente, de dos en dos con crema en el medio o en bolsas de plástico para evitar que absorban la humedad del aire. He añadido un video en mi canal de YouTube para explicar cómo doblar, dar forma y cortar Palmeras de Mariposa. Haga click en el siguiente enlace. https://www.youtube.com/watch?v=QqMIMygTaEM.

20. Receta de Masa para Hojaldre Salado 3-4-4 / 4

He incluido una receta para masa de hojaldre salado. Esta receta es una buena opción de masa para productos salados, incluidos los saladitos rellenos de salchicha (napolitanas mini saladas). Lo he incluido como una opción más económica que el hojaldre extra de la página 115 que es un bollo o pastel *premium* y caro debido a las grandes cantidades requeridas de mantequilla y huevo en la receta. La diferencia de hidratación es interesante en comparación con el hojaldre extra. La mayor cantidad de mantequilla de la receta del hojaldre extra reduce la hidratación, haciendo que la masa sea realmente crujiente.

Masa para Hojaldre Salado

Ingredientes	1	"1/2"	Usando harina 100%	
			% del Panadero	% de Hidratación
	Kg / g	Kg / g	1000	60,30
Paso 1: Dejar reposar la masa durante la noche				
Harina de pan	1.000	500	100,0 %	
Huevo	455	228	45,5 %	
Agua	148	74	14,8 %	
Mantequilla sin sal	60	30	6,0 %	
Sal	20	10	2,0 %	
Peso del Bloque de Masa	1.683	842	% de Mantequilla en la Masa	% Total de Mantequilla en Ambos Masa y Laminado
Paso 2: Laminado				
Mantequilla para el Laminado	1.000	500	59,4	65,4
Peso Total	2.683	1.342		
Rendimiento	36	18		
Peso de cada porción (g)		75		

21. Masa para Hojaldre Extra 3-3-3 / 3-3

Suelo preparar un riquísimo relleno de quiche con 250 g de nata, 250 g de leche, 175 g de huevo, 10 g de sal y 2 g de pimienta. Esta base es rica y cremosa, y acompañado de ingredientes vegetarianos o de carne dan un resultado fantástico al usar esta receta. Se derrite en tu boca, obligándote a comer otro, ¡su sabor permanece en tu paladar durante tiempo! La paciencia es clave en esta receta. La masa se hace el primer día, y el laminado y horneado, al día siguiente. El producto es muy hojaldrado, todo un placer. El relleno para el quiche de queso y cebolla es: 300 g de cebolla blanca, 300 g de cebolla morada, 50 g de mantequilla, 50 g de vinagre balsámico, 2,5 g de sal y 1,5 g de pimienta negra. Se fríen juntos los ingredientes y se reducen en una sartén. Dejamos que enfríen. Forramos un plato de quiche de 32 cm con masa de hojaldre. Agregamos la mezcla de cebolla frita ya enfriada. Vertemos la mezcla en el plato de quiche, lleno a 4/5. Espolvoreamos 60 g de queso gruyere rallado por encima y horneamos durante de 45 a 50 minutos a 180 °C. También podemos usar brócoli, calabacines, champiñones, tomate, tocino, jamón o cualquier otro relleno que queramos. Pruebe a hacer quiche grande como mini y experimente con sus rellenos favoritos. Igualmente, la masa se puede utilizar para hacer deliciosas bases e incluso pasteles de Belén (pasteles de nata).

22. Quiche de Hojaldre con Queso y Cebolla

Esta receta hace sin duda el mejor hojaldre que he comido. Ligero, crujiente y realmente se derrite en la boca, este pastel es perfecto para dulces de hojaldre *delicatessen*. Es versátil y se puede utilizar tanto para dulces como salados. Pruebe a hacer *Vol au Vents* (Volován) con pollo y champiñones, salchicha… rellene a su gusto… para chuparse los dedos. Y, por supuesto, el quiche de la imagen (queso y cebolla). Recientemente los he hecho rellenos de carne picada para navidad y les han encantado a todos.

Masa para Hojaldre Extra

Ingredientes	1	"1/2"	Usando harina 100% % del Panadero	% de Hidratación
	Kg / g	Kg / g	1000	35,30
Paso 1: Dejar reposar la masa durante la noche				
Harina de galleta blanda	1.000	500	100,0 %	
Huevo	205	103	20,5 %	
Agua	148	74	14,8 %	
Azúcar	68	34	6,8 %	
Mantequilla sin sal	375	188	37,5 %	
Sal	14	7	1,4 %	
Peso del Bloque de Masa	1.810	905	% de Mantequilla en la Masa	% Total de Mantequilla en Ambos Masa y Laminado
Paso 2: Laminado				
Mantequilla para el Laminado	500	250	27,6	65,1
Peso Total	2.310	1.155		
Rendimiento	31	15		
Peso de cada porción (g)	75			

Mezclar todos los ingredientes en un bol, excepto la mantequilla sin sal. Asegúrese de que la mantequilla esté a temperatura ambiente. Usando el accesorio adecuado, paso 1: mezcla la masa en una batidora de masa durante 4 minutos a velocidad lenta y 3 minutos a velocidad 2, añadiendo la mantequilla cuando la masa esté bien unida. Laminar la masa a 12 mm, envolver con plástico y guardar en el refrigerador durante al menos 30 minutos o durante la noche. Prepare el bloque de mantequilla en forma rectangular y guárdelo en el refrigerador hasta que la masa esté lista para laminar. Comience con un cierre en 3. Las secuencias de laminado se dividen en dos etapas de reposo indicadas después del tercer pliegue en 3, indicados en la secuencia por un separador o "/".

La secuencia de laminado para este tipo de masa de hojaldre es **3**-3-3 / 3-3.

Primer pliegue en **3**, cierre en 3 capas

Segundo pliegue en **3**. 3 x 3 capas = 9 capas – 2 PCM = 7 capas

Tercer pliegue en **3**. 7 x 3 capas = 21 capas – 2 PCM = 19 capas

Es importante dejar reposar la masa durante al menos media hora en el frigorífico antes de los dos pliegues restantes.

Cuarto pliegue en **3**. 19 × 3 capas = 57 capas – 2 PCM = 55 capas.

Quinto pliegue en **3**. 55 × 3 capas = 165 capas – 2 PCM = 163 capas.

Meterlo en el refrigerador durante 45 a 60 minutos y sacarlo para preparar quiche, napolitanas saladas o saladitos y un sinfín de productos.

El Sistema 3-4-4 / 4

Lo ideal es preparar la masa el día anterior y guardarla durante la noche en el frigorífico a 3 o 4 °C. Después, la masa se saca del refrigerador y el bloque de mantequilla se coloca en el centro de la masa y se pliega en **3** para el cierre. A continuación, la masa se lamina a 4 mm y se le da un pliegue en **4** más a la masa. Luego, la masa se lamina una vez más y se la pliega en 4 una vez más, y en esta etapa, el bloque de masa se debe colocar en el congelador envuelto en plástico durante media hora o entre dos mantas de hielo durante 20 minutos. La masa de hojaldre con mantequilla recibe un último pliegue para completar la secuencia de laminado. Después de reposar en el congelador, el bloque de masa puede recibir el último pliegue en 4. Finalmente, la masa debe mantenerse en el congelador o entre mantas de hielo durante 40 minutos más. Una vez pasado el tiempo, puede procesarse o congelarse. Si la masa se va a usar, la masa se debe cubrir, cortar y dejar reposar durante 1 hora antes de hornear para evitar que encoja. Las partes cortadas también se pueden dejar durante la noche en un refrigerador y hornear al día siguiente.

23. Brioche Laminado

El brioche laminado es una masa enriquecida hecha con una masa de brioche de mantequilla a la que se le añade un 50,7% de mantequilla en base al peso total de la masa. El iniciador de la masa contiene agua, pero los líquidos principales de la masa son leche, huevos y yemas de huevo. Los brioches laminados con mayor hidratación son populares en Francia y Europa y suelen costar un precio elevado debido a la calidad de los ingredientes y el proceso empleado. El brioche laminado también se puede usar para hacer el legendario producto estilo "Cronut ™" (híbrido entre croissant y donut), donde la masa se fermenta y luego se fríe en lugar de hornear. El brioche laminado se puede vender en unidades pequeñas o más grandes, generalmente horneado en forma de brioche ondulado, de los cuales hay infinita cantidad de tamaños. El brioche individual se hace de manera similar al pan con pasas: enrollado y cortado en trozos. Los más pequeños miden 2 cm de ancho y pesan 60 g, los más grandes

pesan 600 g, y el tamaño que usé fue de 25 cm de ancho en la parte superior. Se pueden encontrar moldes para brioche hechos de metal, de cartón desechable de un solo uso o de con silicona. Yo usé moldes desechables en las fotos de las páginas 117 y 118.

Brioche Laminado

Ingredientes	1	"1/2"	Usando harina 100% % del Panadero	% de Hidratación
	Kg / g	Kg / g	1420	65,63
Paso 1: Prefermento				
Harina de panadero	160	80	11,3 %	
Agua	100	50	7,0 %	
Levadura fresca	3	2	0,2 %	
Sal	3	2	0,2 %	
	266	133		
Paso 2: Masa				
Prefermento	266	133	18,7	
Harina de fuerza	1.260	630	88,7 %	
Leche	192	96	13,5 %	
Yema de huevo	80	40	5,6 %	
Huevo entero	560	280	39,4 %	
Azúcar	180	90	12,7 %	
Levadura fresca	63	32	4,4 %	
Malta líquida	25	13	1,8 %	
Sal	27	14	1,9 %	
Mantequilla	227	114	16,0 %	
Peso del Bloque de Masa	2.880	1.440	% de Mantequilla en la Masa	% Total de Mantequilla en Ambos Masa y Laminado
Paso 3: Laminado				
Mantequilla para el Laminado	1.000	500	34,7	50,7
Peso Total	3.880	1.940		
Rendimiendo del Brioche 60g	65	32		
Peso de cada porción (g)	60			
Rendimiento del Brioche 600g	6	3		
Peso de cada porción (g)	600			

La masa de brioche laminada debe mantenerse fría en todas las etapas del proceso, como se describe anteriormente en este libro, manteniendo la masa enriquecida. La secuencia de laminado para piezas pequeñas es **3**-4-3 o **5**-4-3 para las más grandes. El brioche laminado generalmente se vende sin relleno, y debido a los altos niveles de enriquecimiento, se debe mantener bien cerrado en una bolsa de plástico de cierre hermético o zip.

24. Kouign-Amann 3-4-4

Vea el Kouign-Amann con ruibarbo de frambuesa en la foto de la izquierda. Se cree que el Kouign-Amann fue inventado en 1860 en una célebre pastelería de la ciudad de Douarnenez, Finisterre, Bretaña, Francia (Lonely Planet Food, 2017). Esta deliciosa creación se le atribuye al panadero Yves-René Scordia (1828-1878). Su nombre proviene del bretón que une las palabras para pastel (kouign) y mantequilla (amann). El Kouign-Amann es una masa crujiente redonda, originalmente hecha de masa de pan, pero hecha hoy con una rica masa de *viennoiserie*. El Kouign-Amann es una forma de brioche laminado con muchas capas de mantequilla y azúcar plegadas, similar al hojaldre, aunque con menos capas laminadas. Se usa mantequilla salada para la masa y para barnizar los moldes metálicos de 7 cm de ancho por 4 cm de alto que se emplean para hornear el Kouign-Amann.

La masa requiere un proceso de tres días. El día 1, la masa previa se prepara y fermenta a 19 °C durante la noche. El día 2, la masa se mezcla en dos etapas, 4 minutos a velocidad lenta, 5 minutos a segunda velocidad, asegurándonos de que la masa se haya expandido bien antes de añadir la mantequilla y mezclar durante de 3 a 4 minutos más. La TDM es de 26 °C, y la masa debe fermentar durante 45 minutos a temperatura ambiente, luego colocarse en el refrigerador a 3 °C durante la noche. La masa se elabora utilizando el sistema de laminado **3**-4-4, pero se añaden grandes cantidades de azúcar a la masa de hojaldre antes del último pliegue en 4. La masa se lamina a 4 mm, se corta en cuadrados de 10 cm, de aproximadamente 75 g cada uno. Las cuatro esquinas se doblan hacia el centro y la masa se coloca en los moldes metálicos. La masa se fermenta a una temperatura baja de 25 °C –26 °C y también baja humedad de 60–65% para garantizar que las capas de mantequilla salada y el azúcar no se derrita antes de hornear. Los rellenos que se pueden usar antes de hornear incluyen crema pastelera, manzana, Nutella, ruibarbo de frambuesa y el marinado de frambuesa y pera picada de la página 129. Se hornean lentamente a 190 °C durante de 20 a 25 minutos hasta que la masa alcanza la máxima esponjosidad en el horno y el azúcar se carameliza. La masa horneada se asemeja a un panecillo laminado y es esencialmente un croissant caramelizado salado de forma redonda. En esta receta se usa mantequilla irlandesa Kerrygold, pero cualquier mantequilla salada con alto contenido en grasa funcionará bien.

Moldes con mantequilla y azúcar para Kouign-Amann a la izquierda; en el centro una selección de distintas variedades y una masa ya fermentada en su molde a la derecha. Use azúcar grueso si está disponible.

Kougin-Amann

Ingredientes	1	"1/2"	Usando harina 100% % del Panadero	% de Hidratación
	Kg / g	Kg / g	700	54,57
Paso 1: Prefermento				
Harina de panadero	70	35	10,0 %	
Agua	46	23	6,6 %	
Levadura fresca	1,2	0,6	0,2 %	
Sal	2	1,0	0,3 %	
	119	60		
Paso 2: Masa				
Prefermento	119	60	17,0	
Harina de fuerza	630	315	90,0 %	
Leche	96	48	13,7 %	
Yema de huevo	40	20	5,7 %	
Huevo entero	200	100	28,6 %	
Azúcar	90	45	12,9 %	
Levadura fresca	32	16	4,6 %	
Malta líquida	13	7	1,9 %	
Sal	12	6	1,7 %	
Paso 3: Añadir mantequilla				
Mantequilla	114	57	16,3 %	
Peso del Bloque de Masa	1.346	673	% de Mantequilla en la Masa	% Total de Mantequilla en Ambos Masa y Laminado
Paso 4: Laminado				
Mantequilla con sal Kerrygold	500	250	37,1	53,4
Peso Total	1.846	923		
Rendimiento 75 g	25	12		
Peso de cada porción (g)	75			

Coupe du Monde Chocolatine, Toulouse, Francia. 2019

Me llegó una invitación de Toulouse, Francia, para participar en la Coupe du Monde Chocolatine (CDMC) o también llamado Copa del Mundo *Chocolatine* por parte de la organizadora, Geraldine Laborde. Acepté la invitación y el reto y la invitación me sirvió como motivación para entrar de nuevo en las competiciones de más alto nivel. No había competido en más de 25 años, pero decidí estar a la altura del desafío y practiqué todos los días desde abril hasta finales de mayo. Viajé a Toulouse y disfruté de la compañía de Geraldine y su perrita Marvel. Me llevó a la ciudad antigua donde ella se fue a la peluquería y yo me fui con Marvel a hacer turismo. Toulouse es una hermosa ciudad con una enorme plaza que alberga el Ayuntamiento y muchos otros edificios históricos y relevantes. Hay mucho que ver y hacer en Toulouse, hermosos espacios al aire libre donde se puede cenar al aire libre y observar a la gente, así como iglesias centenarias y una gran variedad de tiendas. Nos reunimos con los amigos de Geraldine para ir a comer y tomar una copa en un bar escocés.

Geraldine me llevó al centro de Toulouse, donde el movimiento de protesta de los chalecos amarillos estaba en pleno apogeo. También estuvieron presentes cientos de policías con equipo completo antidisturbios, y había furgones policiales hasta donde alcanzaba la vista. Fue una experiencia surrealista. Me mantuve lejos de todos los enfrentamientos entre la policía y los manifestantes y me refugié con Geraldine en el primer piso de un pub irlandés mientras la policía usaba cañones de agua y gases lacrimógenos. Fui testigo de muchos golpes con la porra y el enfermizo gas lacrimógeno impregnaba el edificio. Afuera había una zona de guerra, y me preguntaba por cuánto tiempo estaría a salvo. Dos horas más tarde, después de un almuerzo ligero, la multitud se había dispersado y caminamos por la ciudad. Todos los bancos y empresas multinacionales como Burger King, McDonald's y muchos otros estaban cerrados y tapiados con contraventanas de madera. Fue triste ver esto, pero los franceses, desde los días de la revolución, están acostumbrados a protestar sobre temas políticos y preparados para luchar por lo que creen que es correcto. A la mañana siguiente, volví con un panadero local llamado David, quien abrió sus instalaciones a algunos participantes en la competición. Preparamos nuestras masas e ingredientes para el campeonato mundial el día antes de la competición. En la panadería de David, me reuní con el participante Christophe Secondi de Córcega, y en un instante, nos hicimos amigos. Christophe viajaría a Galway a finales de año para visitarme con su familia. Habiendo terminado los preparativos para el evento, todos los participantes fueron invitados a un recorrido a pie por Toulouse, e incluso pudimos probar un delicioso helado especial de chocolate típico del lugar. Todos cenamos al aire libre en una plaza junto a la avenida principal y pudimos charlar y conocer a los miembros del jurado y otros participantes. Volví temprano al hotel para dormir bien por la noche y prepararme para la competición, los campeonatos del mundo me llamaban y quería estar dar lo mejor de mí ese día.

La Coupe du Monde Chocolatine fue un verdadero concurso de artesanos. Puso a prueba las habilidades manuales y las capacidades de cada uno hasta el límite. Aparte de la mezcla y la preparación de los ingredientes, todo el laminado, la preparación de la mantequilla, el corte y el modelado tenían que hacerse a mano con un rodillo y no se permitían las laminadoras mecánicas. Se aplicaron estrictamente reglas sobre la cantidad de masa y el peso horneado de las piezas. A cada participante se le asignó un supervisor para garantizar que todo el trabajo siguiera las reglas y el listón en higiene y profesionalidad estaba bien alto. Más de 40 panaderos de varias nacionalidades compitieron ese día en dos turnos, ya que el equipo y el espacio estaban limitados para que todos trabajaran simultáneamente. Había ensayado la producción de mis pasteles y bollos muchas veces y me lancé a las cuatro horas de tiempo asignado.

Terminé con 10 minutos de sobra y quedé muy satisfecho con el resultado. Me perdería la degustación, la calificación de los 48 miembros del jurado y la ceremonia de entrega de premios, ya que tenía que volver al Reino Unido para impartir algunas clases. Salí hacia el aeropuerto de Toulouse y tomé mi vuelo, que aterrizó en el aeropuerto de Bruselas y decidí comer algo. Mientras comía pasta en el restaurante del aeropuerto, sonó mi teléfono y era Geraldine Laborde que me llamaba para informarme de mi medalla de plata en los campeonatos mundiales. Daba saltos de emoción, ya que no esperaba conseguir un podio. Estaba encantado con el resultado y sentí que la alegría, el privilegio y el éxito habían salido a mi encuentro. Ahora compartiré aquella receta con ustedes, la que me llevó a obtener la *"Medalla de Plata, Coupe Du Monde Chocolatine 2019"*.

25. Medalla de Plata, Coupe Du Monde Chocolatine 2019. 3-4-4

La napolitana clásica es una obra maestra del ingenio y la creatividad franceses. También conocido como *pain au chocolat* en todo el mundo y en Francia, la identidad de esta *viennoiserie* está a la par que el croissant en todo el mundo como otro clásico francés icónico. Se disfruta no solo como un bollo para desayuno en todo el mundo, sino también como un

dulce para millones de personas en cualquier momento del día. Mi receta da para dos bloques de masa de 700 g cada una, a las que hay que agregar 200 g de mantequilla a cada una para laminar. Esta receta da 2 × 12 unidades. Uso la misma receta base para ambas masas.

Ingredientes para la Napolitana	Peso (g)	%	Proceso para el sistema de laminado 3-4-4
Harina Gruau T-45	365	45,6	Mezclar 8 minutos a velocidad 1, 5 minutos a velocidad 2
Harina tradicional T-55	365	45,6	en un mezclador con un gancho accesorio para masa.
Agua	300	37,5	Temperatura deseada de la masa: 24 °C.
Masa madre líquida	140	17,5	Dividir en porciones de 1 x 700 g bloque de masa.
Azúcar	104	13	Colocar en un recipiente durante la noche, envolver con
Levadura (fresca)	32	4	plástico. Dejar en refrigerador a 2 °C durante la noche.
Malta (líquida)	2	0,3	Laminar: 3-4-4. Enfriar de nuevo durante 45 minutos a 2 °C.
Sal	14	1,8	Laminar con un grosor de 12mm después de 25 minutos.
Mantequilla	80	10	Enrollar a 3mm, cortar a 14cm de largo por 8cm de ancho.
Pâte fermentée	4	0,5	Usar 2 barras de chocolate (de 6g cada una), dar forma a las
Usar 700 g de masa por 200 g de mantequilla			napolitanas. Cada napolitana antes del horneado debería pesar entre 68 g –71 g. Fermentado final 2-2.5 horas a 27 °C.
Mantequilla para laminar % peso de masa	2 x 200	28,4	Barnizar con huevo, dejar descansar 10 minutos. Hornear en horno de convención 17-18 minutos a 170 °C

Características Físicas y de Sabor

Su aspecto incluye la miga ligeramente crujiente combinada con el brillo natural del barniz del huevo batido en la masa de mantequilla laminada a mano. La adición de malta a la masa acelera la reacción de Maillard durante el horneado, aportándole un agradable color castaño a la corteza y realzando su sabor. Finalmente, la capa de chocolate realza su sabor, el color, el laminado y la exquisita textura interna en forma de panal. La napolitana horneada se debe dejar enfriar y luego se espolvorea cuidadosamente con una pequeña pizca de azúcar glas con un diseño de trébol de 4 hojas (página 124) para mayor atractivo visual.

Descripción

El twist de praliné de chocolate y naranja es una variación del original, pero por respeto al original, conservando todos los ingredientes de este clásico, al mismo tiempo que se añaden otros nuevos. Se coloca una fina hoja de masa de chocolate sobre la masa justo antes de laminar, y cuando se corta en rectángulos, la masa se corta en cinco trozos iguales. Los tres del medio se retuercen dos veces, lo que aporta a esta innovadora napolitana un toque especial. La textura extra crujiente viene del fino polvo de cacao, el azúcar glas y las burbujas de azúcar con sabor a naranja después del horneado. Esta receta da para 2 bloques de masa de 700 g a los que hay que añadir 200 g de mantequilla por cada uno. Esta receta da para 2 × 12 unidades. Yo uso la misma receta base para ambas masas. Las instrucciones específicas para la masa de chocolate se encuentran en el siguiente cuadro.

Ingredientes para la Napolitana Innovadora	Peso (g)	%	Proceso para el sistema de laminado 3-4-4
Harina Gruau T-45	365	45,6	Mezclar 8 minutos a velocidad 1, 5 minutos a velocidad 2 usando un mezclador con un accesorio de gancho para la masa. Temperatura deseada de la masa: 24 °C. Dividir en porciones de 1 x 700 g de masa, hacer 157 g de masa de chocolate. Colocar en un recipiente envuelto con plástico. Dejar en el refrigerador a 2-3 °C durante la noche. Laminar 3-4-4, volver a enfriar durante 45 minutos a 2-3 °C. Laminar con un grosor de 12mm después de 25 minutos. Enrollar a 3mm, cortar 14cm de largo por 8cm de ancho Cortar en 5 tiras, girar las 3 del medio, enrollar usando 1 barra de chocolate de 12 g. Cada napolitana debería pesar entre 78g-88 g Fermentado final 2-2.5 horas a 27 °C. Barnizar con huevo, dejar reposar durante 10 minutos
Harina tradicional T-55	365	45,6	
Agua	300	37,5	
Masa madre líquida	140	17,5	
Azúcar	104	13	
Levadura (fresca)	32	4	
Malta (líquida)	2	0,3	
Sal	14	1,8	
Mantequilla	80	10	
Pâte fermentée	4	0,5	
Usar 700 g de masa por 200 g de mantequilla			
Proceso para la Masa de Chocolate:			Después de mezclar durante 8 minutos, quitar 120 g de la masa para croissant de la mezcla para elaborar la masa de chocolate Añadir el resto de los ingrediente a los 120 g de masa Continuar mezclando durante 5 minutos a velocidad baja Mezclar hasta diluir, esta es la masa de chocolate para el bicolor Fermentar junto a la masa blanca y congelar durante la noche
Masa de la mezcla anterior	120		
Cacao en polvo	10		
Mantequilla	10		
Agua	5		
Levadura fresca	10		

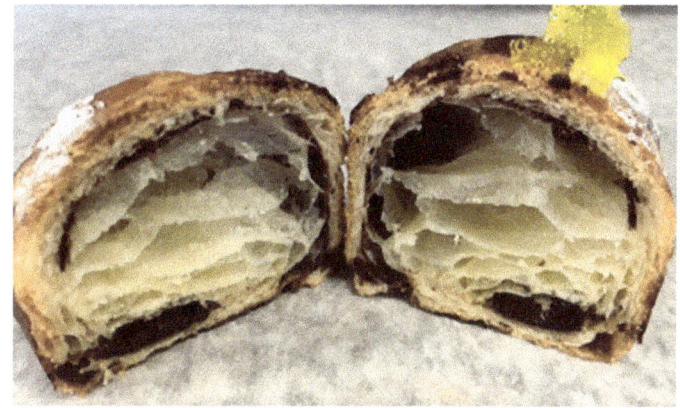

Características Físicas y de Sabor

Los moldes se construyeron específicamente para permitir que esta napolitana mantenga su forma. Su aspecto externo incluyen los tres giros de esta masa bicolor en el centro y el espolvoreado cuidadoso, tras el horneado, del chocolate oscuro de estilo holandés, el azúcar glas, la naranja confitada casera y las burbujas de azúcar, que refleja la ligereza de su textura interna. Finalmente, una capa de masa de croissant de chocolate realza el sabor, el color y el aspecto laminado de su textura interior.

El Valor Añadido del Producto

La innovadora napolitana se debe dejar enfriar y luego se espolvorea cuidadosamente, con azúcar glas y cacao. Se añade cáscara confitada al centro, y el toque final de burbujas de azúcar con sabor a naranja le da a este chocolate un acabado único y hermosas texturas.

Descripción

Después de 8 minutos de mezclar los ingredientes de la receta a primera velocidad, sacamos un trozo de masa de la mezcla, que pesa 120 g. Preparamos 12 g de cacao en polvo, 10 g de mantequilla, 5 g de agua y 10 g de levadura fresca, y una vez preparada la masa principal, colocamos los 120 g de masa en el bol con el cacao y lo mezclamos durante 5 minutos en segunda velocidad para obtener masa de chocolate que usaremos para cubrir la masa una vez que esté laminada. Calcular la unión de la masa blanca con la masa de chocolate con cuidado para asegurarnos de tener solo los 700 g necesarios para el resultado. El pequeño trozo restante, 37 g de masa blanca, se conserva como paté fermentado para utilizarlo en la siguiente masa, por lo que no hay desperdicio.

Dando Forma a Esta Napolitana Innovadora

La masa de chocolate se enrolla a 3,5 mm con el lado del chocolate hacia abajo y luego se corta en 12 trozos de aproximadamente de 14 cm por 8 cm; luego cada uno se divide en cinco. Las tres hebras centrales se retuercen tres veces. Se añade la barra de chocolate casera. Luego, la napolitana se enrolla y se coloca en un molde especial de metal para evitar que los lados se caigan y conservar la forma y aspecto del chocolate.

Receta para elaborar a mano Barras de Chocolate de 12 g	Peso g	Proceso de elaboración
Chocolate negro	120	Partir el chocolate en trozos y derretir a 45 °C. No superar esta temperatura
Pasta de praliné de avellanas	40	
Avellana tostada	100	Añadir el aceite de naranja
Aceite de naranja	2	Añadir el praliné
Rendimiento: 21 barras de 12 g cada una		Triturar las avellanas tostadas y picadas
		Verter en moldes de silicona con forma de barra de 12 g. Enfriar en el congelador.
Receta de burbuja de azúcar	g	**Proceso de elaboración**
Isomalt	100	Verter el isomalt y el colorante de naranja en la mezcladora
Colorante naranja en polvo	1	Añadir una gota de aceite de naranja. Colocar una cucharadita de la mezcla en el molde de silicona de 2 cm de ancho. Derretir en el horno a 185 °C durante 7-10 minutos,
Aceite de naranja	1	
Rendimiento: 30 discos		añadir una avellana tostada entera cuando se derrita.
		Dejar enfriar un poco y retirarlo del molde de silicona. Añadirlo a la napolitana, colocando una tira de naranja confitada como decoración.

Forma Especial para el Reto de la "Napolitana Innovadora"

Especialmente para esta competición, usé moldes de acero inoxidable de 12 por 2 mm. Los moldes tienen 80 mm de ancho, 80 mm de largo y 75 mm de profundidad en el exterior. Fermentar y hornear en estos moldes evita que los extremos se caigan y se distorsione el producto. El resultado es una forma claramente similar a la napolitana original, pero con un toque diferente. Quería crear una nueva napolitana que conservara los aspectos clásicos de la napolitana que todos reconocemos y amamos, pero diferenciarla como una versión de lujo innovadora del original, con una barra de praliné crujiente casera. Se pensó mucho en el color, el aspecto, la apariencia y la textura para reflejar los sabores de naranja, chocolate y avellana en esta innovadora creación de chocolate.

Aunque innovadoras por naturaleza, la forma y las texturas de esta napolitana son fieles a la creación original de lo que uno espera de una napolitana. La forma curva gira alrededor de una barra de chocolate, fermentada y horneada a la perfección. La burbuja de azúcar de naranja, la avellana tostada y la tira de naranja confitada reflejan los sabores y la estructura interna de panal que se espera de una napolitana de primera categoría.

Napolitana de Naranja Praliné.

26. Marinado de Pera y Frambuesa 3-4-3

El marinado de pera y frambuesa se ha convertido en uno de mis pasteles más famosos y en un plato estrella. Es mejor preparar el marinado unos días antes de usar las peras, ya que el color y el sabor aumentan con el paso del tiempo. Necesitarás dos latas pequeñas de trozos de pera. Por lo general, hay 6 mitades de pera por lata pequeña. También necesitarás 60 g de azúcar, 50 g de frambuesas congeladas, 5 g de alcohol de frambuesa y un poco de vainilla al gusto. La mezcla se hierve y se cuece a fuego lento durante 5 minutos.

El marinado para 12 pasteles o bollos se hace mediante el siguiente método: El jugo de las peras en conserva se cuela en una cacerola. Se añade el azúcar y el puré de frambuesa al jugo de pera, luego se agrega la vainilla y la mezcla se lleva a ebullición y se deja hervir a fuego lento durante 5 minutos. El almíbar debe dejarse enfriar, momento en el que se añade el alcohol de Frambuesa y finalmente las peras. La mezcla de almíbar con las peras debe colocarse en un recipiente cerrado herméticamente y guardarse en el frigorífico a 3 °C durante 2 días para asegurar la correcta coloración de las peras. Preparamos crema pastelera y la congelamos en porciones similares a mini canutillos de 5 cm. Tengo un video en mi canal YouTube sobre cómo preparar la crema pastelera congelada, visite el siguiente enlace:

Crema pastelera congelada para *viennoiserie*: https://youtu.be/kwUZEcjtak4 .

27. Receta de Crema Pastelera de 414 g

Paso 1: Mezclar para formar una masa o pasta.

125 g	Leche	Batir y hervir junto; preparar el paso 2
25 g	Azúcar	

Paso 2:		Batir los ingredientes juntos del paso 2 y añadir al anterior
25 g	Azúcar glas	
33 g	Harina de trigo blando	
50 g	Yemas de huevo (2 aprox.)	
125 g	Leche	

Vaina de vainilla rallada (1g) para eliminar las semillas o usar esencia de vainilla

Paso 3:	Retire los pasos 1 y 2 del fuego y añada la mantequilla. Batir para montar.
30 g	Mantequilla

Proceso en Detalle

Calentar la leche del paso 1 y la mitad del azúcar hasta el punto de ebullición en un cazo pequeño. Pesar el resto de los ingredientes del paso 2 por separado y batir hasta obtener una mezcla suave y esponjosa. Una vez que hierva la leche y el azúcar del paso 1, retirar del fuego y verter la mezcla del paso 2 en el cazo. Batir suavemente. Poner de nuevo al fuego y seguir removiendo hasta que la mezcla espese (el tiempo de cocción suele ser de 2 a 3 minutos por cada litro de leche). Una vez finalizado, lo retiramos del fuego y le añadimos la mantequilla. Continuar removiendo hasta que se funda por completo. Extender la crema pastelera en una bandeja limpia forrada con film transparente y luego espolvorear con azúcar glas para evitar que se endurezca la parte exterior. Tapar y colocar la crema pastelera en el frigorífico para que enfríe. Una vez fría, guardar en refrigerador, para su uso posterior. Batir la crema pastelera con una batidora de repostería para ablandarla, introducir en la manga pastelera y extienda las porciones tal como se describe anteriormente. Congelar.

Preparación y Corte de la Masa

Para la *viennoiserie* de pera y frambuesa, la masa se lamina a un grosor de 7 mm y se enfría durante 20 minutos para endurecer la mantequilla y la masa de hojaldre. De ese modo el corte no encogerá la masa. Corte en forma de pera, lágrima o gota (ver imagen inferior), 16 cm de largo por 10 cm de ancho. Cortar y colocar en una bandeja. Las piezas de hojaldre con esta forma se colocan en una bandeja con papel de silicona, se barnizan con huevo y se fermentan a una temperatura de 27 °C durante 60 a 90 minutos al 75-80% de humedad relativa. La temperatura es crítica ya que, si supera los 28 °C, la mantequilla se licuará y echará a perder la masa, estropeando las capas de laminado.

Una vez fermentada, la crema pastelera cortada en trozos congelados se colocan en el centro de la masa fermentada y se presionan hacia abajo suavemente para que encajen en la masa. Tener la crema pastelera congelada evita que se desparramen a medida que la masa crece. Vea el siguiente vídeo de mi canal YouTube para ver cómo se prepara.

Cómo colocar crema pastelera congelada en una masa fermentada https://youtu.be/NBm1Ti-YAWU

Verter mermelada de frambuesa sobre la crema pastelera congelada y, finalmente, las peras de frambuesa una vez lavadas y secas, cortadas en rodajas cinco veces de derecha a izquierda, pero dejando la parte superior de la pera. La pera de frambuesa en rodajas se coloca sobre la crema pastelera y se aprieta un poco hacia abajo para evitar que se caiga en el horno durante el horneado.

Usar un horno de convección, precalentado a 230 °C, introducir la masa y cerrar la puerta. Bajar la temperatura a 175 °C y hornear de 22 a 24 minutos. La masa horneada debe dejarse enfriar y luego glasearse con *nappage* o mermelada de albaricoque. Con un rallador, con la cuchilla colocada a 3 mm del borde de cada masa en ángulo de 45 °, espolvorear con azúcar glas. Lo mismo se hace en el lado de la punta delgada de cada masa con ralladura de frambuesa o en polvo. Finalmente, se coloca una frambuesa fresca en la parte superior de la pera horneada sobre la masa. Si se desea, también se pueden espolvorear corazones de chocolate rojo sobre la pera horneada para finalizar la decoración.

28. Cestas de Chocolate con Pera 3-4-3

También se puede hacer con chocolate ... Esta receta es una delicada canasta de chocolate con pera, usando el mismo corte en forma de gota que el anterior marinado de pera y frambuesa. La parte estrecha de la gota se extiende. La crema pastelera congelada se coloca en el centro de masa, seguida de dos barras de chocolate pequeñas (1 bastón o barra de *Pain au Chocolat* partido por la mitad) y la mitad de una pera pequeña, de manera que tape el chocolate. La punta se estira sobre la pera y se introduce dentro de la parte delantera de la masa como el asa de una cesta. A medida que la masa se solidifica, soltamos la punta de debajo de la masa fermentada y así adopta la forma final de cesta con asa, resultando en un precioso y sabroso producto.

Para conseguir una pera con sabor a mermelada de frambuesa, simplemente inserte un disco de crema pastelera previamente congelada en el trozo de masa en forma de lágrima o gota, añada la mitad de una pera cocida, escalfada o en almíbar (puede ser de lata), fermente y hornee. Añada un poco de mermelada de frambuesa en el interior y, después de hornear, ralladura de frambuesa en polvo para decorar.

29. Pan con Pasas o Caracola 3-4-3

Utilizando la mitad de la masa de receta de la página 137 lograremos unas 16 o 18 unidades. Use la receta de crema pastelera de la página 130. Las pasas doradas son vitales en este producto y deben lavarse el día antes de su uso. Además, se pueden remojar en un poco de ron para añadirles más sabor. Pesar todos los ingredientes y colóquelos en el tazón para mezclar (excepto la mantequilla de laminado). Demos forma al bloque de mantequilla rectangular y reservémoslo en el refrigerador. Usando el accesorio correspondiente de la batidora, mezclar a velocidad lenta durante aproximadamente 4 minutos o hasta que la masa esté bien unida, luego mezcle a segunda velocidad hasta que quede suave (durante unos 4 minutos). Enrolle la masa de forma rectangular, envuelva en plástico en una bandeja de horno y luego colóquela en el refrigerador durante la noche. Saque la masa del refrigerador, extiéndala en un rectángulo hasta que tenga el doble del tamaño del bloque de mantequilla. Haga un cierre en **3**. Corte los bordes de la masa cerrados (método de sándwich) para liberar el retroceso elástico. Gire la masa 90 °, lamine a 4 mm y haga un pliegue en **4** (unas cuatro veces más largo que cuando pusimos la mantequilla inicialmente). Vuelva a colocar la masa en el refrigerador para que repose hasta que esté fría (de 20 a 30 minutos). Cortar los bordes para facilitar el retroceso elástico y laminar a 5 mm; hacer un pliegue en 3, dejar reposar en el frigorífico unos 60 minutos a 3 °C.

En la etapa de laminado, proceder con un grosor de entre 5 y 6 mm en un rectángulo (de unos 45 cm de ancho). Extender la crema pastelera de manera uniforme, dejando una tira de 2 cm de masa libre de crema pastelera en la base, esparza pasas por toda la masa y comience a enrollar firmemente como un panecillo suizo, pero no demasiado apretado. Enrollarlo en dirección hacia uno ¡lo hace más fácil! Marcar y cortar el rollo en rodajas (de 2 a 3 cm de grosor) con un cuchillo de sierra muy afilado. Apriete los extremos para evitar que se abran durante el fermentado, luego colóquelos en bandejas de horno forrados con papel de cocina y colóquelos en la fermentadora. El tiempo de fermentado puede variar y puede llevar hasta 2.5 horas a 26 °C con 75% de humedad relativa. Saque las bandejas de la fermentadora, barnice con huevo toda la masa. Coloque las bandejas en un horno precalentado (210 °C para un horno de piso, 180 °C para uno de convección) hasta que se dore la corteza. Hornear durante unos 15 minutos, según el tamaño del producto, hasta que tome un color marrón dorado. Cuando esté frío, barnizar con mermelada de albaricoque hervido para terminar; luego rocíe con fondant o glaseado tibio. También puede decorar con media cereza glaseada.

Pan con Pasas o Caracola

Ingredientes	1	"1/2"	Usando harina 100% % del Panadero	% de Hidratación
	Kg / g	Kg / g	1000	48,50
Paso 1: Dejar reposar la masa durante la noche				
Harina de panadero	1.000	500	100,0 %	
Agua	485	243	48,5 %	
Azúcar	120	60	12,0 %	
Levadura fresca	40	20	4,0 %	
Sal	18	9	1,8 %	
Leche en polvo	30	15	3,0 %	
Peso del Bloque de Masa	1.693	847	% de Mantequilla en la Masa	% Total de Mantequilla en Ambos Masa y Laminado
Paso 2: Laminado				
Mantequilla para el Laminado	550	275	32,5	32,5
Peso Total	2.243	1.122		
Rendimiento	32	16		
Peso de cada porción (g)	70			
Añadidos a la masa:				
Crème Pâtissière	1000g	500g		
Pasas	600g	300g		

30. Rollos de Canela 3-4-3

Los rollos de canela son una deliciosa alternativa para los que no les gustan las pasas o los frutos secos. Se preparan exactamente de la misma manera que la caracola. Utilice la mitad de cantidad de la receta de la página 139 para la masa. La crema pastelera (página 130) se mezcla con azúcar de canela (página 139) para hacer la crema de canela. Extender esta crema sobre la masa, dejando unos 2 cm de la masa sin de crema en la base, para que se pueda cerrar. Humedecer este trozo de masa con una brocha de pastelería húmeda; luego, enrollar la masa hacia uno como un rollo suizo (no demasiado apretado) de arriba a abajo. Cortar en rodajas (de 2 a 3 cm de grosor), metiendo los

extremos debajo del bloque de la masa para evitar que se abran durante la fermentación. Luego colóquelos en bandejas de hornear forradas con papel de cocina y métalos en la fermentadora. Fermentar y hornear igual que la caracola de la receta anterior. Para que quede más crujiente, se puede espolvorear azúcar justo antes de hornear. De esta manera, el azúcar queda crujiente y no se disuelve como lo haría si se dejara reposar antes de hornear. La receta del azúcar con canela está después de la receta de rollos de canela.

Rollos de Canela

Ingredientes	1	"1/2"	Usando harina 100%	
			% del Panadero	% de Hidratación
	Kg / g	Kg / g	1000	48,50
Paso 1: Dejar reposar la masa durante la noche				
Harina de panadero	1.000	500	100,0 %	
Agua	485	243	48,5 %	
Azúcar	120	60	12,0 %	
Levadura fresca	40	20	4,0 %	
Sal	18	9	1,8 %	
Leche en polvo	30	15	3,0 %	
Peso del Bloque de Masa	1.693	847	% de Mantequilla en la Masa	% Total de Mantequilla en Ambos Masa y Laminado
Paso 2: Laminado				
Mantequilla para el Laminado	550	275	32,5	32,5
Peso Total	2.243	1.122		
Rendimiento	32	16		
Peso de cada porción (g)	70			
Añadidos a la masa:				
Canela	40	20		
Azúcar moreno	160	80		
Crème Pâtissière	1000	500		

La hermosa crema de canela está en el corazón de estos deliciosos rollos de canela. Se espolvorean por encima con azúcar glas justo antes de hornear. De lo contrario, el azúcar se disolverá en el huevo batido y se convertirá en almíbar, que caerá hasta el fondo de la masa y la quemará mientras se hornea.

Otras Ideas para Despertar la Creatividad

31. Manzana con Pistachos o con Frambuesa

Manzana con pistachos y crema pastelera usa un sistema **3-4-3**. Estos deliciosos pasteles se elaboran a partir de láminas de hojaldre de 5 mm de grosor con un molde para cortar de forma ovalada marca Matfer. Las medidas del cortador ovalado que uso son 12,5 cm de largo por 9 cm de ancho. Los pasteles o bollos se fermentan sin decorar hasta que alcanzan el volumen final. Los pasteles de corte plano como este tardan menos en fermentar, ya que solo hay una capa de masa, que no está enrollada como un croissant y, como resultado, la temperatura central aumenta rápidamente. Por lo general, la fermentación lleva entre 60 y 90 minutos. Una vez fermentado, se deben barnizar con huevo, y los trozos de crema pastelera congelada (página 130) deben colocarse invertidas (parte superior de la crema pastelera congelada) sobre la masa fermentada y presionar, de modo que la base plana de la crema pastelera congelada quede arriba. Esta superficie plana es perfecta para colocar las manzanas en rodajas. Use media manzana pequeña para cada pastel, cortada en finas rodajas. Coloque las manzanas y presiónelas hacia abajo. Las rodajas de manzana se pegarán al huevo batido y permanecerán en su posición durante el horneado. Hornee 25 minutos a 180 °C–195 °C. La cobertura de manzana tarda más en hornearse que un croissant normal. Una vez horneados y

enfriados, glasear los pasteles con nappage de albaricoque y decorar con pistacho recién molido. También se puede hacer una variedad de frambuesa añadiendo mermelada de frambuesa bajo la manzana antes de hornear y espolvoreando un lado con frambuesa en polvo. El otro lado se espolvorea con azúcar glas después de hornear, enfriar y glasea con mermelada de albaricoque.

32. Napolitana con Crema Cappuccino – Tres tipos de Masa

La napolitana con crema cappuccino está hecha con tres tipos de masa: café capuchino, chocolate y masa de vainilla. Cada masa tiene tres tipos de mantequilla: chocolate, café instantáneo y mantequilla normal. Añada vainilla a la masa para darle más sabor. La secuencia de laminado para cada masa es de **3-4** (9 capas) una encima de la otra (3 × 9 = 27) -2 PCM, total de 25 capas, igual que el croissant **3-4-3**. Laminar, cortar, fermentar y hornear. Decore como en las imágenes, o use su imaginación para un acabado personalizado.

33. Napolitana de Frambuesa / Fresa

Elaborada añadiendo un 10% de frambuesa o fresa en polvo a la mantequilla. Luego, la masa se lamina 3-4-4 para producir 33 capas de fresa con sabor a fruta. Esta napolitana de la fotografía también tiene mermelada de frambuesa como relleno y se elaboró usando mi receta de croissant de la página 54. Cortar, dar forma, fermentar y hornear como una napolitana.

34. Mini Tarta de Fresas

Receta de vainilla *streusel* con harina de repostería		
Paso 1		
Mantequilla	100 g	Mezclar la mantequilla y el azúcar
Azúcar	100 g	
Vainilla	2 g	o usar esencia de vainilla
Paso 2		
Harina	125 g	Añadir a los ingredientes anteriores hasta hacer una masa. Congelar hasta su uso. Dar forma triangular 10 cm de largo por 4.5 cm de alto.

Esta *viennoiserie* triangular tiene una base laminada, una capa intermedia de brioche de chocolate, puré o mermelada de fresa y cubierta con *streusel* de vainilla, espolvoreada con azúcar glas y pistacho tras el horneado. La base de la masa se lamina a 4 mm de grosor; el brioche a 3 mm de grosor y se coloca el puré de fresa en el brioche. Deje reposar durante 90 minutos a 26 °C– 27 °C. El *streusel* se aplica justo antes de hornear. Hornear a 200 °C durante 20 minutos.

35. Nutella / Café

Napolitana estilo praliné hecha con mantequilla a la que se añade un 10% de café instantáneo y siguiendo la receta de la página 54, usando una manga pastelera para añadir Nutella al interior después de hornear y enfriar. Decorar con un poco de crema de mantequilla, ralladura de chocolate y avellana. Finalmente, espolvorear con cacao en polvo y un poco de azúcar glas. La combinación de todos los sabores hace de este pastel o bollo un maravilloso acompañamiento a tu café favorito. También se puede hacer en una variedad de laminado doble, con masa simple y mantequilla enriquecida con café formando las dos mitades de la masa. Ambas se laminan por separado utilizando el sistema **3**-3-3.

Tanto el hojaldre de café como el simple tienen 19 capas y cuando ambos se unen, el resultado son 37 capas (restando PCM) cuando unimos los dos tipos de hojaldre uno encima del otro. Cortar 8 cm de ancho por 12 cm a 16 cm de largo, según el tamaño deseado.

36. Brioche Sablée de Frambuesa

Una de mis *viennoiseries* favoritas, la aprendí de mi querido amigo François Wolfisberg, ubicado en Carouge, Suiza. François y yo nos conocimos a finales de los 90 cuando participamos en la Copa de Europa de Panadería o Coupe d' Europe de la Boulangerie. Hemos sido amigos todos estos años y nos encontramos regularmente mientras cocinamos, hacemos demostraciones por Europa o haciendo de jurado en la Coupe du Monde de París.

Este suave brioche tiene en su interior una mezcla de crema suave caramelizada y azúcar con trozos de frambuesa. La masa está recubierta, espolvoreada y adornada con menta fresca y frambuesa. La receta y el método completos para este brioche aparecen en mi libro, *The Global Master Bakers Cook Book*, publicado durante la primavera de 2021.

37. Twist de Fresa y Chocolate

Esta napolitana, bautizada como Twist de fresa y chocolate es similar a la receta de Napolitana Coupe Du Monde de las páginas 124 & 125 pero con bastones caseros de chocolate con fresa.

Hay un video en la sección de "Otros Recursos" sobre cómo hacer los bastones y formar la masa.

La masa se decora después de hornear y enfriar usando fresa en polvo, azúcar glas, un disco rojo isomalt de burbujas de azúcar y 1/4 de fresa untada con mermelada de albaricoque. Llenar moldes de silicona para *macarons* con el polvo de isomalt coloreado en rojo y hornearlo hasta que comience a burbujear. Esta bollería es simplemente deliciosa servida caliente con nata montada y fresas frescas de temporada en su punto más sabroso. Pruébalo tibio espolvoreado con azúcar glas, por supuesto con más fresas y para rematarlo acompáñalo con un café o té.

38. Cruffin con Nutella

El *Cruffin* fue creado originalmente por Kate Reid de la Croissantería Lune en Melbourne, Australia, en 2013. Un *Cruffin* es un híbrido de croissant y muffin. Los bollos estilo *Cruffin* son populares y se preparan fácilmente con hojaldre para croissant siguiendo la receta de la página 54. El bloque de hojaldre se abre antes de laminar, se llena con azúcar, se dobla, se lamina a 4 mm y se corta en tiras de aproximadamente 3 cm de ancho por 25 cm de largo para que quede más crujiente.

Puede ver cómo se elabora la masa en la sección de "Otros recursos" y cómo se coloca en moldes de acero para fermentar y hornear. Antes de hornear y después de fermentar, recubrir con azúcar fino usando un colador pequeño para ayudar a caramelizar más la masa durante el horneado. Después de hornear, dejar enfriar, rellenar con Nutella y decorar con un poco de azúcar glas. Los tamaños de los moldes de acero que uso son de 60 mm de alto por 70 mm de ancho. Wilton's tiene un molde específico para *cruffins*. Cada uno tiene seis hendiduras para elaborar unos *cruffins* perfectos. Asegurémonos de untar bien los moldes con mantequilla y echarles azúcar antes de fermentar la masa en ellas. Puede usar cualquier tipo de mermelada, cuajada, natillas, ganache y otros rellenos para preparar unos atractivos *cruffins*.

Trucos de Laminado para el Panadero Casero

Muchos panaderos caseros tienen dificultades para amasar la masa de manera uniforme cuando laminan a mano por primera vez. Si se amasa de manera desigual, la masa será de diferentes pesos y espesores. Las capas internas se estropearán, provocando una falta de volumen, una deficiente textura interna y pasteles o bollos horneados sin forma. Si la masa es espesa por un lado y fina por el otro, el lado delgado se tostará más rápidamente en el horno que el lado grueso y podría quemarse, arruinando el producto. Un ingenioso truco es usar listones de madera finos, que se pueden comprar en cualquier tienda de bricolaje. Los hay de varios espesores y muchas tiendas ofrecen el servicio de corte de madera para obtener la medida deseada. Recomiendo dos tamaños para empezar, 3,5 mm y 4 mm.

Además, necesitamos un rodillo largo, mayor del ancho de la masa y las guías de madera. Vea el siguiente video en YouTube sobre cómo amasar usando listones de madera. Espero que les sea útil.

Truco de laminado a mano usando listones de madera finos como guía.
https://youtu.be/fyRCB4G4-Qo

Apéndice - A – Ingredientes y Pasos a Seguir

Ingredientes y Pasos a Seguir

Ingredientes Opcionales Utilizados

Masa para Croissant de Espelta

- Harina de Espelta
- Leche fresca entera
- Agua filtrada
- Azúcar fino
- Leche desnatada en polvo
- Levadura osmotolerante
- Jarabe de malta de cebada
- Sal
- Mantequilla Kerrygold
- Mantequilla "seca" (alto % graso)
- **Ingredientes, Decoración y Rellenos adicionales:**

Masa para Chocolate de Espelta

- Harina de Espelta
- Leche fresca entera
- Agua filtrada
- Azúcar fino
- Leche desnatada en polvo
- Levadura osmotolerante
- Jarabe de malta de cebada
- Sal
- Mantequilla Kerrygold
- Mantequilla "seca" (alto % graso)
  - Cacao en polvo
  - Bastones de chocolate
  - Gajos de naranja confitada
  - Bastones de chocolate con sabor a naranja

Los detalles y las especificaciones de muchos de los productos y el listado de proveedores se pueden encontrar en los apéndices al final del libro.

Equipamiento, Instrumental y Otros Elementos Necesarios en la Cocina de Bollería

1. Báscula digital Wedderburn DS-575, con certificado de calibrado. Precisión de 2 g a 16 kg. Dispone de tazones de acero inoxidable de diversos tamaños para escalar los ingredientes.

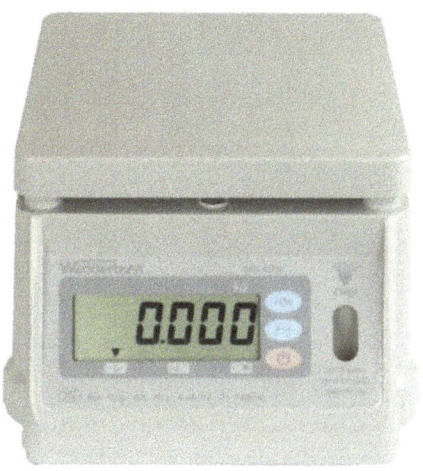 

2. Termómetro infrarrojo digital calibrado Alla France® con rango de medición desde -50 a +380 °C para medir la temperatura del agua y de la masa.

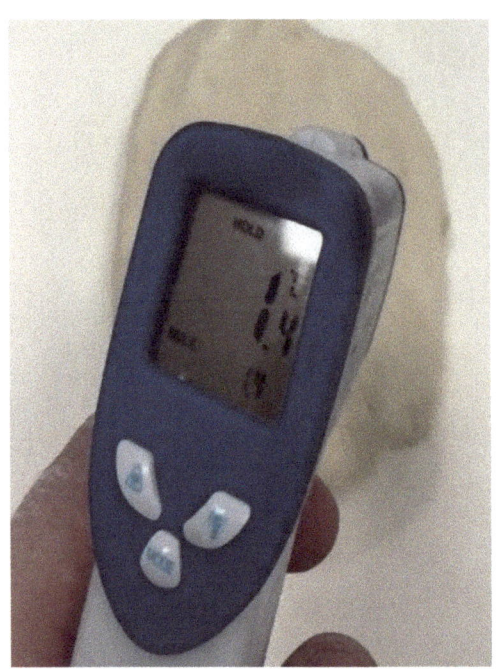

3. Amasadora - Hobart - 20 qt con gancho para masa y accesorio para batir

4. Laminadora de pastelería o bollería Rondo para laminar la masa y una botella para pulverizar agua durante el mezclado de la masa.

5. Congelador y refrigerador equipados con estantes

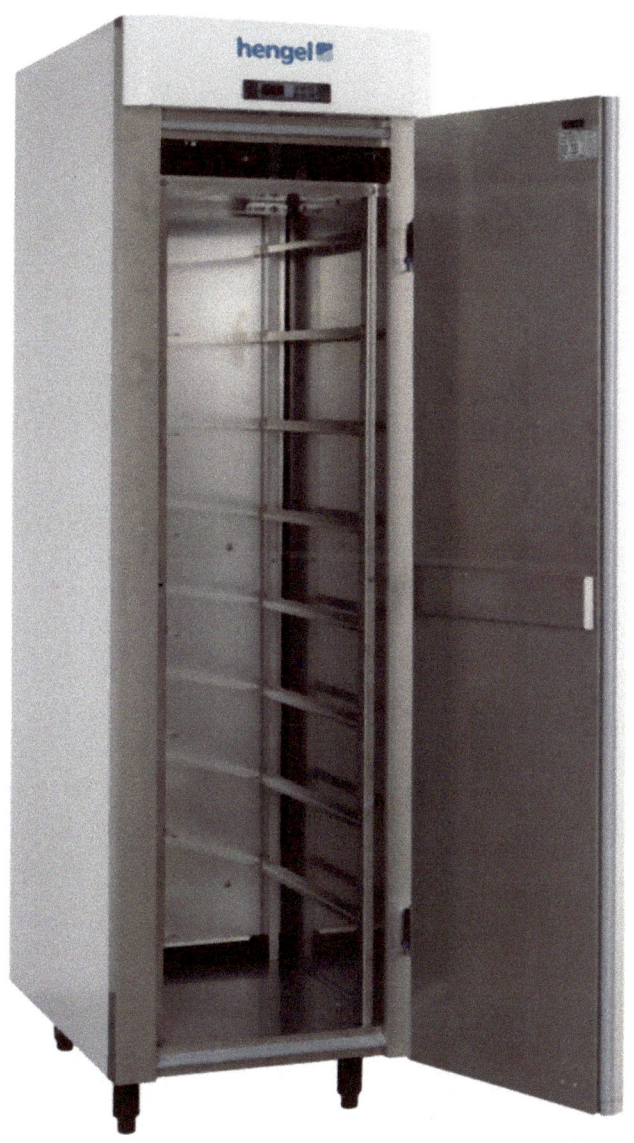

6. Abatidor o mantas de hielo Cryopack®

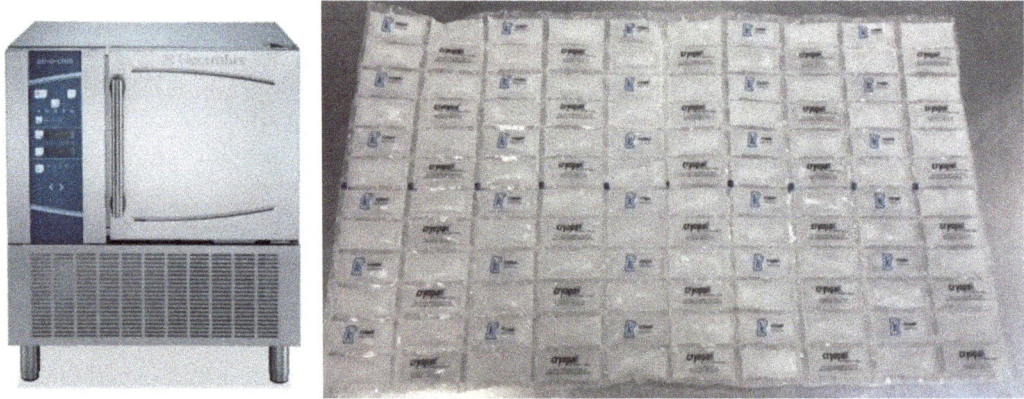

7. Bandejas de aluminio y papel de silicona para bollería o repostería, que se utilizan en el congelador, la cámara de fermentación y el horno.

8. Mesa de preparación y corte con almacenaje refrigerado. Acero inoxidable

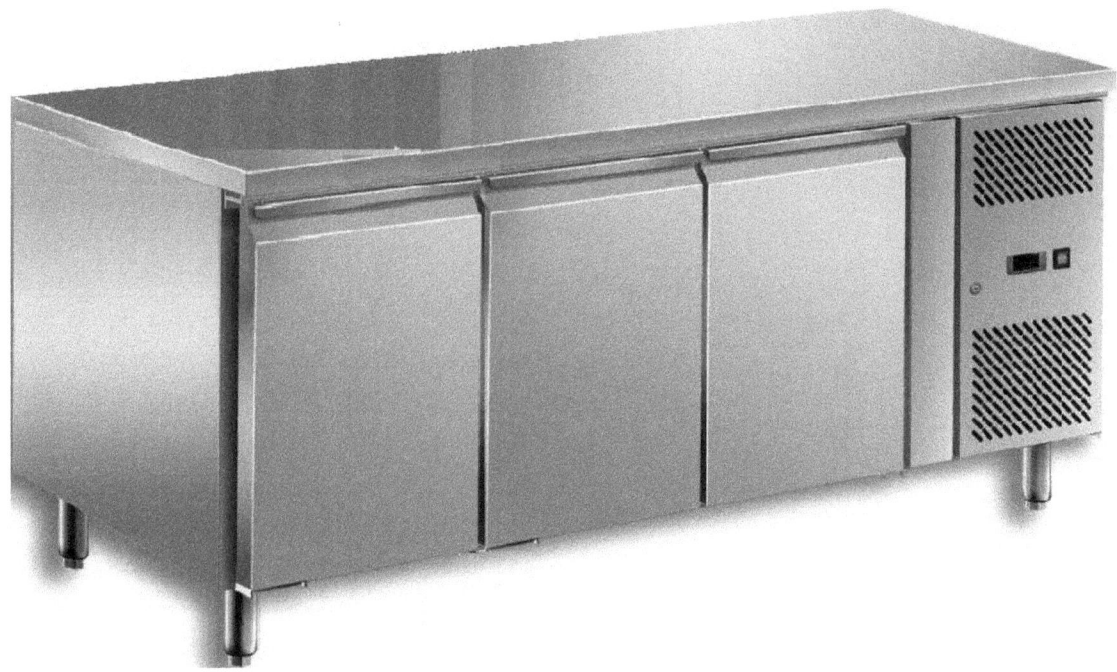

9. Cámara de fermentación capaz de mantener de 75 a 85% de humedad y de mantener una temperatura constante y estable entre 25 °C a 28 °C (temperatura máxima crítica) ya que la mantequilla se saldrá de las capas si la cámara se calienta más.

10. Horno de rejilla y horno eléctrico profesional Sveba Dahlen/ Tom Chandley.

11. Bandejas de rejilla para enfriado

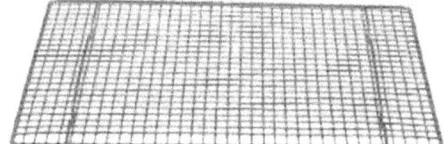

Almacenaje de los Ingredientes

- Estantes de acero inoxidable y recipientes de plástico alimentario para almacenar harina, sal, cacao, azúcar, bastones de chocolate, trozos de naranja y el resto de los ingredientes secos a temperatura ambiente.
- Refrigerador de acceso directo con estantes para almacenar mantequilla, leche y masa.

Zona de Pesado

- Mesa de pesado
- Soporte para libro de recetas (recomendado)
- Recipientes y dispensadores para sal, leche en polvo, azúcar, harina de espelta, cacao y otros ingredientes.
- Básculas digitales con escala de 1 a 16 kg con precisión de 1g
- Scoops (sacabolas de helado). 6 unidades
- Jarra medidora. Una de 1L, una de 2L
- Colador o tamizador para harina

Zona de Mezclado

- Termómetro infrarrojo digital para medir la temperatura de la masa
- Mezcladora Hobart 10 qt con gancho de masa

Recipientes de Almacenamiento para la Masa

- Recipientes de plástico y rejillas de acero inoxidable

Zona de Laminado

- Laminadora de repostería o bollería de 1150 cm por 60 cm
- Rodillo grande ×1; rodillo pequeño ×1
- Cinta métrica o regla
- Pistola o botella para rociar agua

Decoración y Utensilios Pequeños

- Cortador de masa de cuatro ruedas × 1
- Cuchillo francés –25 cm; Cuchillo de corte –10 cm
- Rascador / picador para masa (de acero inoxidable)
- Rascador / picador para masa (de plástico)
- Brocha de repostería o bollería
- Báscula digital × 1 – Capacidad hasta 6 kg y precisión de 1g

Bandejas para Hornear

- Bandejas para hornear: 30 por 18 pulgadas, y 15 por 15 pulgadas
- Rack de acero inoxidable con 16 ranuras

Equipamiento para Congelación

- ➤ Congelador doméstico
- ➤ Congelador horizontal o arcón congelador
- ➤ Congelador vertical
- ➤ Cámara frigorífica
- ➤ Abatidor si está disponible
- ➤ Mantas de hielo

Zona de Envasado para Venta y Reparto

- ➤ Estanterías para el almacenamiento de productos de envasado
- ➤ Bolsas de papel para 1 o 2 unidades
- ➤ Cajas de cartón, para 1, 4 o 6 unidades
- ➤ Cajas de cartón de 35 por 45 cm para venta al por mayor de 50 unidades congeladas
- ➤ Bolsas de plástico para revestir las cajas de cartón
- ➤ Dispensadores de cinta de embalaje
- ➤ Etiquetas para los productos
- ➤ Equipamiento informático para la impresión de etiquetas

Ingredientes y Datos de Contacto

Ingredientes y Pasos a Seguir

Muchos de los ingredientes para la producción de *viennoiserie* están disponibles en todo el mundo. Sin embargo, puede ser difícil conseguir ingredientes de algunos fabricantes. En este capítulo doy información sobre especificaciones de los ingredientes y dónde comprarlos en Europa. Si vive en otra parte del mundo, puede comparar las especificaciones de los ingredientes en este apartado y contrastarlos con los que existen en su zona. Es posible que no consiga exactamente lo mismo, pero seguro que encontrará productos similares que le permitan conseguir excelentes recetas. Siga los enlaces para obtener más información.

Harina de Espelta (Triticum spelta):

Aspecto: Polvo fino, cereal de calidad
Aroma: Libre de humedad y olores extraños
Sabor: Ligero sabor a nuez, libre de rancidez o acidez
Aditivos: La harina o el cereal se producen de acuerdo con la legislación propia del país
La harina debe cumplir la legislación irlandesa específica: Reglamento y enmiendas (1998): pan y harina
Almacenamiento: 3 meses para harina integral
Almacenamiento: 6 meses para la harina blanca

Fuente: http://www.vvrsaustralia.com.au/wp-content/uploads/2013/02/Spelt-flour-300x224.jpg

La espelta se puede usar como ingrediente principal en recetas para croissants. Cuando se añade componente líquido a la harina de espelta y se mezcla, el almidón y las dos proteínas que se encuentran naturalmente en la harina absorben agua y se hinchan; a esto se le conoce como hidratación de la harina. Las dos proteínas, gliadina y glutenina, se combinan en la masa cuando se hidratan para formar la proteína llamada gluten (The Baking Industry Research Trust, 2016). El gluten confiere a la masa las propiedades necesarias para formar una matriz elástica que atrapa los gases de CO_2 que se desprenden en la fermentación de la levadura. Los gases atrapados y la matriz de proteína elástica son responsables de la estructura ligera y aireada de la miga de los productos horneados con levadura.

Leche Entera

Sólidos totaless (% m/m) Mínimo 12.0% de leche
Grasa de mantequilla (% m/m) 3.5 – 4.0%
SNGL – Sólidos No Grasos Lácteos (% m/m) 8.5 – 9.0 %
Gravedad mínima 1.030
Fosfatasa (p-nitrofenol) <10ug/ml <10ug/ml
Libre de antibióticos
pH 6.7 ± 0.2 6.7 ± 0.2
Libre de partículas quemadas, extrañas y materia extraña
Color blanco cremoso
Libre de productos químicos y otros sabores
Sabor a leche fresca
Temperatura (°C) Entre 1 y 6 °C

Fuente: http://strathroy.lairdev.com/wp-content/uploads/2011/11/goats_milk_01.jpg

La leche es uno de los ingredientes humectantes y enriquecedores que se usan para elaborar masa de hojaldre. También se pueden usar agua y huevo. La leche contribuye a un producto más suave y el azúcar natural presente en la leche mejora el color de la corteza.

Azúcar Fina o Granulado

Nivel alimenticio: Libre de contaminación, moho o deterioro microbiano.
Apariencia: Gránulos blancos cristalizados sin grumos ni humedad
Color: Brillante, superficie altamente reflectante; libre de impurezas
Sabor: Tiene un rico sabor dulce de azúcar
Aroma -N/A
Almacenamiento: En un lugar fresco y seco lejos de contaminantes. Preferiblemente en un recipiente sellado
Vida útil: Indefinida (consumir preferentemente antes de la fecha de caducidad, normalmente tres años después del envasado)
Marca: Gem

Fuente: http://www.conatycatering.com/image/cache/data/01105506-500x500.jpg

El azúcar aporta dulzor y enriquece la masa. El azúcar también es una fuente de alimento para la levadura y ayuda a la levadura, al alimentarla, a tener un ambiente rico en grasas. El azúcar contribuye a un producto comestible más suave, dulce y tiene un papel importante en el color de la masa durante el proceso de horneado.

Leche en Polvo

Elaborado a partir de leche fresca pasteurizada. Polvo que va desde un color blanco a ligeramente amarillento. El sabor es limpio, ligeramente dulce, lechoso y neutro, sin otros sabores extraños. Envasar en bolsas de papel Kraft con revestimiento de polietileno sin aditivos o conservantes en lugar fresco y seco (por debajo de 25 ° C y 70% de HR) durante 1 año.

Fuente: https://kerrygold.com/products/kerrygold-full-cream-milk-powder/

La leche en polvo mejora el color tanto de la miga como de la corteza en la masa y contribuye a un producto horneado más suave.

Jarabe de Malta de Cebada (No Diastásico)

Aspecto: Líquido viscoso de color ámbar o marrón amarillento (libre de adulterantes, malos olores, sabores extraños e impurezas)
Identificación: Positivo en carbohidratos
Sabor: Característico de malta, dulce sin ningún sabor extraño detectable, es decir, no picante, amargo o agrio.

Fuente: https://www.meridianfoods.co.uk/Products/Other-ranges/Natural-Sweeteners/Organic/Organic-Barley-Malt-Extract

La malta no diastásica contribuye al color tostado de la masa y también es una fuente de alimento para la levadura, manteniendo la estabilidad de la masa durante el proceso de fermentado en frío.

Levadura Comprimida

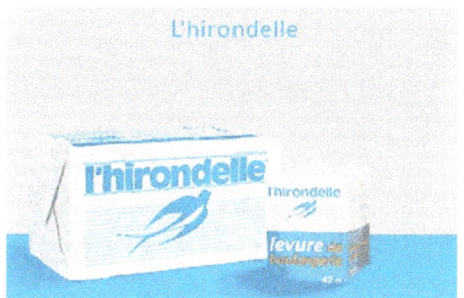

Proveedor: Lesaffre
Tipo: Levadura de panadería L'hirondelle
Tamaño: Paquete de 10 kg. 10 x 500g
Presentación: Caja
Estado del Producto: Sólido
Color: Gris
Periodo de vida del producto: 35 días a 1–4 °C

Fuente: https://lesaffre.uk/products/compressed-yeast/

La levadura de panadería o *Saccharomyces Cerevisiae* es el gasificante biológico que se utiliza para hacer crecer la masa. El subproducto de la fermentación de la levadura, el CO_2, es atrapado por la matriz de gluten y, junto con el laminado mecánico de la masa de mantequilla, aporta ligereza y aire a medida que el gas se expande, atrapado por la matriz de gluten durante el horneado, haciendo que la masa se expanda.

Sal

La sal yodada se seca y tamiza para el consumo humano
Cloruro de sodio (NaCl): mínimo 97.0% (en materia seca)
Contenido de humedad: máx. 3,0% (m/m)
Materia insoluble en agua: máx. 0,2% (m/m)
Yodo: 30,0 - 50,0 mg / kg (de 50 a 84 mg de yodato de potasio por kg de sal)
Color: debe ser blanco y 10 g de sal en 100 ml de agua darán una solución incolora de reacción neutra.
Almacenar en lugar seco, ventilado e higiénico

Fuente: http://fyi.uwex.edu/safepreserving/files/2014/08/salt.jpg

La sal tiene un efecto astringente sobre el gluten formado en la masa. La sal también ayuda a controlar la fermentación de la levadura y aporta color a la masa horneada terminada.

Mantequilla

Grado alimenticio: libre de contaminación, acidez, crecimiento de moho o deterioro microbiano. Procedente de vacas alimentadas con pasto. Elaborado con nata pasteurizada y sal. Grasa de leche 80% de humedad máx. 18,2% y leche sólida no grasa máx. 1.8%, sin grasas trans, ni hormonas

Sin colorantes ni ingredientes artificiales Sin aceite vegetal añadido. Vida útil alrededor de 3 meses (sin sal) y 5 meses (con sal). Conservar refrigerado a + 3 °C.

Fuente: http://kerrygold.com/images/sized/images/uploads/KG_Pure_Irish_Butter-604x414.png

La mantequilla enriquece la masa de croissant, el beta caroteno natural agrega color tanto a la corteza como a la miga. La mantequilla acorta, imparte sabor y color a toda la masa. También lubrica el gluten y se ha de añadir a la masa en la etapa de mezcla para este fin.

Mantequilla Seca

Grado alimenticio: libre de contaminación, acidez, crecimiento de moho o deterioro microbiano

Nata pasteurizada (elaborada a partir de leche de vaca), fermentos lácticos

Grasa de leche 84%, humedad máx. 14,6% y leche sólida sin grasa máx. 1,8%. Sin colorantes ni aditivos

La mantequilla tiene una vida útil de alrededor de 3 meses (sin sal) y 5 meses (con sal).

Almacenar en congelador. Una vez abierta, mantener a +3–8°C máx.

Fuente: https://pro.elle-et-vire.com/en/products/butters/extra-dry-butter-84-fat

La mantequilla enriquece la masa, y el beta caroteno natural aporta color tanto a la corteza como a la miga. La mantequilla acorta la masa y añade sabor y color a toda la masa. Esta mantequilla también es más seca que la mantequilla Kerrygold empleada en la elaboración de la masa y está especialmente diseñada para el proceso de laminado. La mantequilla de laminado se enrolla y se incorpora a la masa, formando pequeñas capas de masa y mantequilla. La mantequilla separa la masa a medida que se dobla, creando una lámina independiente que permite la formación de capas alternas de masa y mantequilla. A este laminado se le conoce como aireación mecánica. Es el segundo de dos tipos de aireación empleados para airear la masa. Proporciona ligereza a la masa y permite el producto terminado quede más hojaldrado.

Cacao en Polvo

Grado alimenticio: libre de contaminación, rancidez o acidez, crecimiento de moho o deterioro microbiano
Aspecto: polvo marrón fino, seco y sin grumos (similar a la harina de maíz)
Color: Marrón oscuro mate, libre de impurezas
Sabor: sabor característico a chocolate, sin embargo, tiende a ser más astringente y amargo
Aroma: Aroma a chocolate
Almacenamiento: En lugar fresco y seco lejos de contaminantes, en un recipiente sellado.
Vida útil: indefinida (consumir preferentemente antes de la fecha de caducidad, por lo general, tres años después del envasado)
Proveedor: Barry Callebaut (bajo licencia)
Otros: Sin lactosa

Fuente: http://foodie-isms.com/wp-content/uploads/2011/04/cocoa-powder.jpg

El cacao en polvo se usa para dar color y sabor a la masa gracias a un producto natural. En este caso, el cacao en polvo se mezcla con la mantequilla antes del proceso de laminado; se hace un bloque de mantequilla y se incorpora a la masa. La mantequilla de chocolate no solo aporta sabor y color, sino que también le da al producto un aspecto único y diferencial.

El cacao como ingrediente funcional en la masa de chocolate laminada

Bastones (o Barras) de Chocolate para Croissant

Cacao Barry: Caja de 300 unidades. 15 cajas por pack
Observaciones: Fácil, rápido e ideal para el horneado, o para rellenar *viennoiserie* como el *pain au chocolat*.
Condiciones de almacenamiento: lugar fresco y seco (68-72ºF, 20-22ºC)
Vida útil: 12 meses
Ingredientes: Azúcar, licor de cacao, manteca de cacao, emulgente: lecitina de soja, aroma de vainillina
Notas adicionales: Azúcar: 54% Masa de cacao: 44%
Almacenar en un lugar seco, alejado de olores extraños y protegido de la luz solar directa.

Fuente: https://www.cacao-barry.com/en-CA/chocolate-couverture-cocoa/chd-bb-308by/extruded-batons-boulangers

Las barras de chocolate para hacer *pain au chocolat* son piezas de chocolate especialmente elaboradas y templadas, específicamente diseñadas para no quemarse en el horno cuando se le aplica calor. Su función principal es aportar sabor al producto terminado.

Rodajas de Naranja Confitada

Se trata de rodajas de naranja confitada y firmes de sabor cítrico intenso combinado con una estructura dulce natural. Perfecto para bañarlo con chocolate. Producto natural sin sulfitos.
Almacenamiento: Lugar fresco y seco (68 ºF –72ºF, 20 ºC –22ºC). Vida útil: 18 meses.
Almacenar en un lugar seco, alejado de olores extraños y protegido de la luz solar directa.

Fuente: https://www.keylink.org/product/candied-orange-slices-drained

Las rodajas o gajos de naranja confitada son decoraciones diseñadas para potenciar el sabor del producto. La naranja confitada se agrega con fines decorativos después de hornear y enfriar. Producto natural libre de sulfuros.

Bastones (o Tiras / Barritas) de Naranja Confitada

Las tiras de naranja confitada premium son oscuras y firmes, con intenso aroma a naranja que pueden bañarse en chocolate.
Producto natural sin sulfitos.
Condiciones de almacenamiento: Lugar fresco y seco (68-72ºF, 20-22ºC). Vida útil: 18 meses.
Almacenar en un lugar seco, alejado de olores extraños y protegido de la luz solar directa.

Fuente: https://www.keylink.org/product/candied-straight-orange-peel-strips-drained-1

Las barras de naranja confitada son un relleno diseñado para potenciar el sabor del producto. Los gajos de naranja confitada se agregan antes de hornear con fines aromatizantes. Producto natural, libre de sulfuros.

Apéndice - B – Laminado a Mano: Masa de Croissant Pre-fermentada

39. Croissant Laminado a Mano 50% Pre-fermentado con Levadura de Masa Madre

Croissant Laminado a Mano 50% Pre-fermentado con Levadura de Masa Madre

Ingredientes	1	"1/2"	Usando harina 100% % del Panadero	% de Hidratación
	g	g	767	55,11
Paso 1: Prefermentado durante la noche 14 -16 horas				
Harina de fuerza	368	184	48,0 %	
Agua	205	103	26,7 %	
Levadura	0,5	0,25	0,1 %	
Total	574		74,8 %	
Día 1: Añadir Masa Madre				
Agua	30	15	3,9 %	
Harina	30	15	3,9 %	
Masa Madre	15	8	2,0 %	
Iniciador de Masa Madre 1 : 2 : 2	75	38	9,8 %	
Día 2: Masa				
Paso 1: Prefermentado	574	287	74,8 %	
Paso 2: Masa	75	38	9,8 %	
Harina de fuerza	368	184	48,0 %	
Leche	180	90	23,5 %	
Azúcar	96	48	12,5 %	
Levadura fresca	29	15	3,8 %	
Leche en polvo	18	9	2,3 %	
Extracto de malta de cebada (no diastásico)	15	8	2,0 %	
Sal	13	7	1,7 %	
Mantequilla	38	19	5,0 %	
Peso del Bloque de Masa	1.331	665	% de Mantequilla en la Masa	% Total de Mantequilla en Ambos Masa y Laminado
Paso de Laminado				
Mantequilla para el Laminado	335	168	25,2	30,1
Peso Total	1.666	833		
Rendimiento	22	11		
Peso de cada porción (g)	75			

Regularmente converso y mantengo relación con cocineros, reposteros y panaderos internacionales de todos los niveles en redes sociales y otras plataformas como Facebook e Instagram, ayudándoles con sus dudas y problemas, tratando de que logren mejores resultados en la elaboración de bollería laminada. Uno de los problemas más recurrentes que identifiqué era el laminado a mano. El retroceso elástico de la bollería presenta problemas para muchos mientras se elabora a mano, por lo que he escrito esta nueva receta especial para ayudarles a solucionarlo. He hecho muchas pruebas de horneado, ajustando el pre-fermentado, la hidratación y la secuencia de trabajo. El resultado es una masa de sabor muy agradable, que se trabaja bien a mano debido a la mayor hidratación de la masa, la fermentación previa durante la noche y el uso de masa madre.

La harina empleada por los reposteros y panaderos en diferentes países varía mucho. En Canadá, por ejemplo, la harina puede ser muy fuerte con niveles de proteína típicamente del 10 al 12,5% (12,8% al 14,5% en base seca) y un contenido de cenizas de 0,35 al 0,55% (0,41% al 0,64% en base seca). Mi experto amigo y colega canadiense, Alan Dumonceaux (CDM), maestro mundial de *viennoiserie*, recomendó una técnica de pre-fermentado para aquellos que únicamente dispongan de harina fuerte. Este proceso lleva dos días, donde, el día 1, se hace un pre-fermento, se añade la masa madre y se fermenta durante la noche a temperatura ambiente (18 °C a 22 °C). El día 2, se mezcla el pre-fermento con la masa, el 50% restante de la harina y el resto de ingredientes. La masa se mezcla usando una batidora KitchenAid ™ durante 3 minutos a velocidad lenta y 3 minutos a velocidad media usando un accesorio o gancho para masa. La masa se fermenta a temperatura ambiente durante 45 minutos, luego se desgasifica, extendiéndola con un rodillo en un rectángulo, se coloca en una bandeja, se envuelve con plástico y se enfría durante 2 horas en un refrigerador hasta que la masa esté a una temperatura de 3 – 4 °C. El bloque de mantequilla debe prepararse en este momento y colocarse en el refrigerador hasta que se vaya a utilizar.

Luego se saca la masa junto con el bloque de mantequilla del refrigerador. Usar un sistema **3-4-3** para croissant y un sistema **3-4-4** para *pain au chocolat*. Se realiza el cierre y es posible darle a la masa todos los pliegues, siempre que la cocina y las superficies de trabajo estén convenientemente frías. Recomiendo que la decoración se espacie en los climas cálidos, dejando enfriar la masa nuevamente durante 30 minutos en un refrigerador o congelador hasta que esté lo suficientemente fría como para prepararse. Es posible que necesitemos espolvorear la masa un poco con harina para facilitar el procesado. Cuando se completen todos los pliegues y la masa esté lista, laminar como de costumbre, cortar, dar forma y fermentar. La masa estará bastante activa y notará que los croissants y el *pain au chocolat* se endurecerán más rápido de lo normal. La ciencia de este método es pre-fermentar por la noche usando la mitad de la harina de la receta, dejando que las enzimas hagan la mayor parte del trabajo sobre el gluten durante la fermentación. Como muchos de los panaderos que visitan mi web también usan masa madre, recomiendo añadir poco menos del 10% de masa madre a la receta, que aporta sabor extra y extensibilidad a la masa. La proteasa degrada la proteína durante la noche durante la fermentación, lo que mejora enormemente la extensibilidad y hace que sea un placer enrollar la masa. Preparé la receta con hasta un 57% de hidratación (con 13% de harina de panadería extra fuerte), pero descubrí que la masa más húmeda requería espolvorear mucha más harina, volviéndola más pegajosa y no demasiado fácil de amasar. Recomiendo usar aproximadamente de 52 a 55% de hidratación. ¡Disfrutad!

Jimmy G.

Otros Recursos Online

Mi Canal YouTube https://www.youtube.com/channel/ucsmfbyjsiu4e7du-kmu6ing/

Preparación de napolitanas twist con barras de chocolate caseras https://youtu.be/klsvyc1omoo

Elaboración de napolitanas de cholocate: Tres maneras https://youtu.be/uheq8fjbffk

Croissant bicolor con masa elaborada según el sistema 3-4-4 https://youtu.be/q-o0cyjane0

Elaboración y decoración de la napolitana twist bicolor https://youtu.be/qr_SS3aWSRs

Corte de la masa laminada para aliviar el retroceso elástico https://youtu.be/gscqic8hpxk

Video: masa para croissant con enrollado y pliegue en 3 https://youtu.be/nhsavshz6c0

Retroceso elástico sobre el laminado. Explicación https://youtu.be/vi90mhc2t_U

Proceso del cierre de la masa y la mantequilla https://youtu.be/J_j4umea7ow

Bloque de mantequilla y laminado a mano https://youtu.be/KI7VTQQISFw

Coupe du Monde Chocolatine Toulouse, Francia 2019 https://youtu.be/HQW4TfDnmvY

Napolitana marcada con cuchillo y con garras de cocina https://youtu.be/s-aV1bzKnpc

Marinado de pera y frambuesa, técnicas decorativas https://youtu.be/qYUHmcZbypU

Cómo incorporar restos para reducir el desperdicio https://youtu.be/mA22qWphP8E

Procedimiento correcto para envolver masa laminada https://youtu.be/RAb-aVWX6tQ

Porciones de Crème Pâtissière congelados para viennoiserie https://youtu.be/kwUZEcjtak4

Cómo insertar Crème Pâtissière congelada en masa fermentada https://youtu.be/NBm1Ti-YAWU

Navidad *jiggle jiggle* https://youtu.be/2ifa63fspqs

Napolitanas navideñas https://youtu.be/bxzinvf118e

Tesis sobre algas: https://arrow.tudublin.ie/tfschcafdis/1/

Masa para bollería estilo marca registrada: https://youtu.be/yturuzkkmdc

Masa para croissant 5-4-3 de masa madre laminada a mano: https://youtu.be/irmbjlvxls4

Enfriando masa laminada con vegetales congelados: https://youtu.be/-WZ9w0gPjyg

Fermentadora doméstica Brød &Taylor: https://brodandtaylor.com/

Truco de laminado manual con tiras de madera: https://youtu.be/fyRCB4G4-Qo

Pliegue final del Kouign Amann: https://www.youtube.com/watch?v=gNM22D7jLhY

Biblia del hojaldre laminado a mano: https://youtu.be/rKvDjMQDySY

Pastelitos de Navidad hechos con hojaldre de mantequilla: https://youtu.be/qJN_Qbf9ZNM

Croissant enrollado a mano: https://youtu.be/VoeUD3wwRQ0

Referencias

Arat, E., 2019. *The History of Turkish Coffee.* https://www.turkishcoffeeworld.com/History-of-Coffee-s/60.htm a fecha 2019-11-19.

Bramen, L., 2010. *When Food Changed History: The French Revolution.* Https://www.smithsonianmag.com/arts-culture/when-food-canged-history-the-french-revolution-93598442/, a fecha 2019-11-19.

Chevallier, J. 2009. August Zang and the French Croissant: How Viennoiserie came to France. 2ª ed. North Hollywood (California), Chez Jim Books.

Culinary Institute of America. 2016. Baking and Pastry. Hoboken (New Jersey), John Wiley & Sons.

City of Vienna, 2019. *1683 - the beginning of Viennese coffee house culture.* Https://www.wien.gv.at/english/culture-history/viennese-coffee-culture.html, a fecha 2019-11-19.].

Fiegl, A., 2015. *Is the Croissant really French - A brief history of the croissant – from kipfel to Cronut?* Https://www.smithsonianmag.com/arts-culture/croissant-really-french-180955130/, last access 2019-11-19.

Goldstein D, Mintz S. 2015. *The Oxford Companion to Sugar and Sweets.* Oxford, Oxford University Press.

Hartings, M., 2016. *Chemistry in Your Kitchen.* Cambridge, The Royal Society of Chemistry. Labensky SR, Martel P, Van Damme E. 2009. *On Baking.* 2nd ed. Columbus (Ohio), Pearson Prentice Hall.

NIIR Board of Consultants & Engineers. 2014. *The Complete Technology Book on Bakery Products (Baking Science with formulation and production).* 3rd ed. Deli, NIIR Project Consultancy Services.

Pastry Chef Central. 2019. *Puff Pastry Dough.* https://www.pastrychef.com/Puff-Pastry-Dough_ep_70.html, a fecha 2019-11-19

Peterson, J., 2012. *Baking.* Berkeley (California), Potter/tenspeed/Harmony.

Willan, A., 2016. *Oxford Reference: France.* Http://www.oxfordreference.com/view/10.1093/acref/9780199313396.001.0001/acref-9780199313396-e-202 a fecha 2019-11-19

BakerPedia, 2020. *Croissant.* [Online]
Disponible en: https://bakerpedia.com/processes/croissant/ [A fecha 8 Abril, 2020].

Bakerpedia, n.d. *Puff Pastry.* [Online]
Disponible en: https://bakerpedia.com/processes/puff-pastry/ [A fecha 8 Abril, 2020].

Berry, D. R., Russell, I. & Stewart, G., 2012. *Yeast Biotechnology.* 3ª ed. NY(NY): Springer.

Brown, A. C., 2018. *Understanding food: principles and preparation.* 6ª ed. Manoa(Hawaii): Cengage Learning.

Calvel, R., 2001. *The Taste of Bread.* s.l.:Springer.

Cauvain, S. P., 2017. *Baking Problems Solved.* 1ª ed. Cambridge: Woodhead Publishing.

Chevallier, J., 2009. *August Zang and the French Croissant: How Viennoiserie Came to France.* 2ª ed. Northwood(California): Chez Jim Books.

Doves Farm, 2020. *European flour numbering system.* [Online]
Disponible en: https://www.dovesfarm.co.uk/hints-tips/cheat-sheets/european-flour-numbering-system [A fecha 17 de Mayo, 2020].

Goldstein, D. & Mintz, S., 2015. *The Oxford Companion to Sugar and Sweets.* Oxford: Oxford University Press.

Griffin, J., 2016. *Chocolatine Time-lapse Video YouTube,* Galway: s.n.

Griffin, J. A., 2015. *An Investigative study into the beneficial use of seaweed in bread and the broader food industry.* Dublin: James A. Griffin.

Griffin, J. A., 2015. *One-minute croissant butter block technique,* Galway: James Griffin.

Griffin, J. A., 2016. *Pain au Chocolat "Wobble" Test,* Galway: James Griffin.

Haegens, N. n.d. *Puff pastry and Danish pastry.* [Online]
Disponible en: http://www.classofoods.com/page4_1.html [A fecha 8 de Abril, 2020].

Hutkins, R., 2008. *Microbiology and Technology of Fermented Foods.* Hoboken(New Jersey): John Wiley & Sons.

Jason Davies, 2020. *jasondavies.com.* [Online]
Disponible en: https://www.jasondavies.com/wordcloud/ [A fecha 20 de Marzo, 2020].

Labensky, S. R., Martel, P. & Van Damme, E., 2009. *On Baking.* 2nd ed. Columbus(Ohio): Pearson Prentice Hall.

Lonely Planet Food, 2017. *From the Source - France: Authentic Recipes From the People That Know Them ....* 1ª ed. Wilson(Wyoming): Lonely Planet Food.

NIIR Board of Consultants and Engineers, 2014. *The Complete Technology Book on Bakery Products (Baking Science with formulation and production).* 3ª ed. Deli: Niir Project Consultancy Services.

Ranken, M., Baker, C. G. . & Kill, R. eds., 1997. *Food Industries Manual.* 24ª ed. Padstow(Cornwall): Springer.

Rodriguez, B. M. & Merangioni, A. G., 2018. *Physics Today,* 1(70), p. 71.
Rondo, n.d. *Rondo Dough-how and more,* Burgdorf: s.n.

Stamm, M., 2011. *The Pastry Chef's Apprentice: An Insider's Guide to Creating and Baking Sweet confections and pastries taught by the masters.* Beverly(MA): Quarry Books.

The Baking Industry Research Trust, 2016. *What Role Does Gluten Play In Bread Making?.* [Online] Disponible en: http://www.bakeinfo.co.nz/Facts/Gluten/What-role-does-gluten-play-in-bread-making- [A fecha 1 de Mayo, 2016].

The Culinary Institute of America, 2016. *Baking and Pastry.* Hoboken(New Jersey): John Wiley & Sons.

Vernet, S., 2020. *French Croissants,* Montpellier: s.n.

Weekendbakery.com, 2020. *Understanding flour types.* [Online]
Disponible en: https://www.weekendbakery.com/posts/understanding-flour-types/
[A fecha 17 de Mayo, 2020].

Willan, A., 2016. *Oxford Reference: France.* [Online]
Disponible en:
http://www.oxfordreference.com/view/10.1093/acref/9780199313396.001.0001/acref-9780199313396-e-202 [A fecha 16 de Enero, 2016].

Yankellow, J., 2005. *Lamination: Layers beyond imagination,* San Francisco: s.n.

El Arte del Laminado. Índice

Sistemas de Laminado
Pliegue en 3: 4, 18, 62
Sistema 3-3-3-3, 70
Sistema 3-4-3, 55
Sistema 5-4-3, 63
Sistema 3-4-4, 68

A
Aceite, 24, 26, 47
  de naranja, 93, 97, 127
Ácido Láctico, 30
African Bakery Cup, 82
Alemania, 8, 13, 20–21, 98
Alineación, 26, 105
Almacenamiento, 35, 152, 156–58
Alternar capas, 51, 52, 57, 62, 163
  de masa, mantequilla y masa, 53, 57, 68
  formando una lámina fina, 16
Avellana, 127, 143
Azúcar, 160
  glas, 143–145

B
Bacteria, 30, 33, 34
Bandejas de horneado, 38, 107, 135-136, 157
Barnizado con huevo, 16, 53, 78
Base, 16–17, 38–39, 44, 54, 62, 76, 112, 114, 137-142, 169
Bastones o barras, 134, 145, 149, 165
  de chocolate caseras, 93, 127
  de naranja confitada, 98, 165
Beta caroteno natural, 163

Beurrage, 6, 15, 26
Bloque de mantequilla, 16–17,
  de algas, 104
  laminado a mano, 168-169
Brioche, 17, 91, 117, 142
  de chocolate, 93
  laminado, 5, 117–118
Burbujas de azúcar, 124, 145
  de naranja, 125–126, 126

C
Cacao en polvo, 70-71, 83, 164
Cálculo de capas, 63, 71–73
Calidad, 20–21, 24, 117
Cámara de fermentación, 153–154
Campeonatos del Mundo, 9, 123
Cantidades, 17, 34, 108
Capas de mantequilla, 16, 26
  de laminado, 51, 55-58
Cappuccino, 141
Carrera, 9, 82
CDM, 169
CDMC. *Ver* Coupe Du Monde
  Chocolatine
Ceniza, 18-21
  contenido en, 18, 169
Chocolate
  barras o bastones de chocolate, 165
Chocolatine, 124–27
Cierre, 63
Circulación de aire, 79, 112
Color y aromas, 92, 100, 127, 164
Componentes, 25, 39, 43, 50
Contenido en mantequilla, grosor, 107

Coupe Du Monde Chocolatine
   (CDMC), 121–123,
Crema
 de almendra, 81
  pastelera (*Crème pâtissière*), 130,
   136, 138
Cristales de Mantequilla, 25–26
Croissant de Almendras de Horneado
   Doble, 80
Croissant francés, 13
Cruffins, 146
Culinary Institute of America, 13, 173

D
David Bedu, 81
Deterioro microbiano, 160–164
Doble Laminado, 82
Durante la noche, 108–110,
 reposo, 110, 116

E
EE. UU, 19, 21
Elaboración de bollería laminada, 16
 doble, 52, 82
Elasticidad, 21-22, 30, 36, 49
Enriquecido, 118, 161
Equipamiento, 32, 150, 158
Espacios de Aireación, 17, 60, 61, 88
Estirar, 35–36
Estropear, 78, 92, 147
Extensibilidad, 22, 170

F
Fermentación durante la noche, 53–
   54, 84, 108
Fermentado, 30, 36–38, 106–108
Forma de lágrima o gota, 131, 135
Frambuesa en polvo, 83, 94
Funciones, 25, 59, 130

G
Gelatina, 38, 78
Giro, 29, 35–36, 39, 65
Global Master Bakers Cookbook, 144
Grasa de Mantequilla, 17, 25-26, 160
Grosor, 16, 19, 53, 55, 58,
 de laminado, 72-76

H
Hojaldre de mantequilla, 50
Horneando *viennoiserie*, 38–41
Huevo, 43, 78

I
Iniciador, 30–35, 107
Inicio, 69, 88
Invitación, 121

J
Jarabe de malta de cebada, 149

K
Keylink Ltd, 97

L
Lámina, 49, 51, 59, 66
 fina, 16, 51, 59, 125
Laminado, 55, 108
 final, 61
Laminadora, 29, 59–61
 Rondo, 59, 152
Laminar, 16–17, 50
Lavar, 32, 76, 99
Leche en polvo, 54, 156, 161
Lesaffre, 162
Levadura,
   activa, 17-18
    biotecnología, 174
   comercial, 109
   de panadería, 162

especial, 18
fermentación, 159, 162
formas, 19
instantánea, 17-18
levadura usada, 17
osmotolerantes, 149
salvaje, 33–34
tasa o ratio de reproducción, 17

M
Malta, 23, 125, 149, 161
Mantas de hielo, 16, 44–47, 153
Mantequilla,
  con café, 141, 143
  con sal, 25, 119, 163
  de chocolate, 70–72,
  de frambuesa, 95
  de sabores, 83
  dura, 25-26
  enriquecida, 143, 163
  Kerrygold, 149, 161
  para croissant, 26
  seca, 24–26, 149,163
Manzana, 107, 120, 140
Máquina mezcladora Hobart 20 qt, 49, 54, 151
Marinado de pera y frambuesa, 129, 134,
Martel, 13, 173, 175
Masa de hojaldre, 21, 82, 111, 119, 173
Masa de mantequilla, 89
  laminada a mano, 124
Masa madre, 22, 30–35, 109, 168
  líquida, 35
  natural, 108
Matemáticas, 42, 51
Matriz de gluten, 35–36, 160
Medalla de Plata, 13
Medidas métricas, 11

Mermelada, 107, 132, 142, 145
  de frambuesa, 132-135, 140, 142
Mezcla, 130
Mezclado, 16–17, 23, 28
  tiempos de mezclado, 17, 54
Mezcladora, 28, 83, 95, 156
Mezclar, 34, 42, 54, 95
Miembros del jurado, 82, 100, 123
  bollería y repostería internacional, 9

N
NaOH, 98–99
Napolitana de chocolate con naranja, 97
Notas Adicionales, 165

O
Olor, 159-161
Oscuro, 18, 126

P
Palmeras, 111–112
Países, 20-21, 39, 48, 169
Pasas, 52, 70, 117, 136, 138
Pasos, inicio, 16, 19, 49, 52
  de laminado, 16, 60
Pâté fermentée, 24, 49, 124-125
PCM, 6, 51–52, 67
Pegajoso, 45, 87, 170
Peras, 129, 132, 134–135
Plasticidad, 22, 25–26
Plegado, 16, 35–36, 51, 57, 59
Pliegue(s) 12, 15–16, 48
  en 3, 66, 72, 74
  en libro, 57, 61, 68
  final, 69, 112
  medio, 15, 51
Preparación de Mantequilla con Sabor a Chocolate, 83
Proceso de decoración, 16

Proceso de fermentación en frío, 47-49, 54
Proveedores, 149, 159
Prueba o test de bamboleo, 16, 78, 89, 174
Puntos de contacto, 51, 56–57, 69

Q
Quemadura por congelación, 65, 107
Quiche, 114–116
Química, 99
Químicos, 33, 160

R
Receta
  de almendra, 80
  de Crema de Almendras, 81
  de Croissant, 54
Recipiente, sellado, 32, 129, 150, 156, 164
Rectángulo, 53–55, 62
Recursos, 145, 171
  online, 11, 42, 97, 171
Refrigerador, 136, 152, 169
Rellenos, 146, 149
Reposo, 16, 36, 53, 65
Resultado, 22, 25, 46–48
Retroceso elástico, 57, 62, 69, 169
Rodajas, 16, 97, 132
  naranja confitada, 97, 165

S
Sal, 149, 156, 162
Sándwich, 1, 45, 53, 56, 72
Secuencia, 12, 50–52, 59
Sistema de numeración de laminado universal, 49

T
T-45, 18, 22
T-45 Gruau Rouge, 22
T-55, 21, 124
T-65, 20
Tamaño del bloque de mantequilla, 55, 136
Temperatura, 26–29, 32–34,
  de la masa, 18, 27-28
  de procesado, 49
  del agua, 6, 27–28, 31–35
  del centro, 6, 47, 69, 88, 138
  del horno, 38-41
  hielo, 43
Templar, 18, 33, 34–35
Tensión elástica, 56–57, 60
Terminar, 137, 138–39
Textura, 24, 26, 29, 82, 124, 126
TDM, 6, 16, 27–28, 120
Tipos de Harina, 18–20, 43
Trozos de frambuesa, 144
Truco, 15, 132, 147

V
Vainilla, 95, 129, 141–142
Valor numérico deseado, 15
Variación, 83, 98, 125
Ventilador, 40, 78
Vida útil, 25, 79
Viennoiserie, 1, 8, 22, 40, 89, 106
Volumen, 15, 22, 35, 38

Querido lector/a,

Quiero darle las gracias por comprar mi libro, El Arte del Laminado. Espero que haya disfrutado de la información y la metodología del libro y que le ayude a preparar excelentes croissants y bollería laminada. Si tiene alguna pregunta sobre la que no logre encontrar respuesta en el libro, por favor, envíe un mensaje a mi cuenta de Instagram. Actualizo regularmente mi canal YouTube con novedades, productos y técnicas. Finalmente, también dispongo de una página en FaceBook: El Arte del Laminado (*The Art of Lamination* en inglés), que actualizo periódicamente con nuevas publicaciones y más información. Me pueden contactar en dicha página.

Un saludo,
Jimmy Griffin.

Página Web: http://jimmyg.ie
YouTube: http://www.youtube.com/c/JimmyGriffinbaking/
Instagram: @jimmyg51

www.ingramcontent.com/pod-product-compliance
Lightning Source LLC
Chambersburg PA
CBHW041223240426
43661CB00012B/1122